中国传统政治文化现代转型研究丛书

selection
01

中国传统政治思想近代转型研究

王 光 ◎ 著

Chinese Traditional Political
Thought and It's Modern
Transformation

天津出版传媒集团

天津人民出版社

图书在版编目(ＣＩＰ)数据

中国传统政治思想近代转型研究 / 王光著. -- 天津:
天津人民出版社, 2018.12
(中国传统政治文化现代转型研究丛书)
ISBN 978-7-201-14350-7

Ⅰ.①中… Ⅱ.①王… Ⅲ.①政治思想史—研究—中
国—近代 Ⅳ.①D092.5

中国版本图书馆 CIP 数据核字(2018)第 294106 号

中国传统政治思想近代转型研究
ZHONGGUO CHUANTONG ZHENGZHI SIXIANG JINDAI ZHUANXING YANJIU

出　　版	天津人民出版社
出 版 人	刘　庆
地　　址	天津市和平区西康路35号康岳大厦
邮政编码	300051
邮购电话	(022)23332469
网　　址	http://www.tjrmcbs.com
电子信箱	tjrmcbs@126.com
责任编辑	郑　玥
装帧设计	明轩文化·王烨
印　　刷	高教社(天津)印务有限公司
经　　销	新华书店
开　　本	787毫米×1092毫米　1/16
印　　张	13.5
插　　页	2
字　　数	150千字
版次印次	2018年12月第1版　2018年12月第1次印刷
定　　价	58.00元

送给我最可爱的女儿王知行小朋友！

目　录

导　论

　　中国政治思想作为一种宏大叙事,对于其研究者而言,无论以任何主题作为研究对象,都只不过是一项碎片化的工作。在如此庞杂且重要的理论话题面前,我们的所有观点也逃不出仅仅作为一个"意见"甚至"偏见"被展示出来。从这个意义上讲,中国政治思想史研究几乎是一项令人沮丧的工作。研究者们对历史中的政治现象及其背后的各种隐喻寻求某一点上的理论论证本身,即意味着无法周延地关照问题的其他维度,而只能有选择地放弃甚至不自觉地忽略掉那些同样重要的见解和逻辑。思想史研究永远无法避免的问题之一就是任何观点都不过是管中窥豹的一家之言。当然,严格意义上讲,任何理论研究都是如此。

　　对中国政治思想史的研究需要足够的耐心和清晰的思辨力。福柯在谈及他的系谱学研究时曾慨叹系谱学研究是一项琐碎、枯燥和需要耐心的工作。事实上,任何一项关乎历史、思想或知识考古的学科都要面对琐碎、忍受枯燥,必须有足够的耐心,中国政治思想史研究当然也是如此。哪怕面对一个非常具体的话题也不得不皓首穷经,期望占有足够多的史料和前人曾经有过的观点和论证,并在此基础上小心翼翼地诠释经典,进而得出自己的见解。此外,这个过程需要的不仅是耐心,还要有足够清楚的思维能力。即便每个人表达的都是偏见,政治思想史研究也要求尽量为读者表达出逻辑自洽、观点清晰的思维成果。

　　中国政治思想史研究的魅力在于,它始终以诠释、反省和构建更优良的政治生活为宗旨而具有永恒的价值和生命力。因为与大多数其他学科门类相比,政治思想史研究的问题意识更为抽象,它始终关注人类公共生活面临的一般性问题和时代性话题。人类的政治生活根植于传统和历史,把握、诠释、反省、破解政治生活中两种问题的过程即是人类政治思想变革的过程。政治生活为我们提供源源不断的反思对象,思想家和研究者们也在持续不断地为构建更加优良的政治生活供给智识,而且这个哲学话题必然会伴随人类政治生活始终。

本书以"中国传统政治思想近代转型基本逻辑及其价值选择"为研究议题,试图勾勒出中国政治思想变革的大致图景。旨在通识性地对一些话题作极为粗浅的解说和判断。尝试摸索传统政治与现代政治之间的某些内在关联,阐释政治思想的延续、解构和重构以及它们的逻辑、特点及变革倾向。

一、中国传统政治思想的三大议题

中国传统政治思想的反思对象无疑是古代政治生活,它是数千年政治生活实践的思想智慧凝练。历代政治家和思想者们或深刻影响了政治生活走向,或有着对优良政治生活的期望与构想。按照中国政治思想史研究专家刘泽华先生和他的弟子们的理解,中国古代政治乃是王朝政治。那么传统政治思想无疑就是对王朝政治的把握、诠释和反省。

首先,天命论是王朝统治的道德支撑。从中国最早的文献记载中不难发现,商周时期,人们对天的崇拜被视为一种信仰,认为天是世界万物的主宰和本源。人类社会之所以能够形成也是天的意志,即为天命。天命落实在人间则以人格化的权威形式表现,即天子承载着天命,理所当然地统治社会。值得注意的是,天命本身具有绝对性,但谁有资格承载天命却是相对的。"有夏多罪,天命殛之。"(《尚书·汤誓》)商灭夏的理由是天命不在夏而在商,商依照天命灭掉夏。"文王受命,有此武功。"(《诗经·大雅·文王有声》)周代商建立功业也是天命所授。可见，天命自产生那天起即是一种意识形态符号。君主拥有其解释权，故而它在君主那里失去了权威性和神秘感。非天命宰制人事，而是人事规定天命。这也意味着古代政治虽源于神学话语但非常早地具备了世俗化倾向。此种特点深刻影响着中国古代政治生活面貌。及至西汉时期，董仲舒重构天命的政治意涵，重申天命的权威。"天者，万物之祖，万物非天不生"；"为人者，天也"；"王者，天之所予也"。(《春秋繁露·为人者天》)天是包括君王在内的一切人的主宰。他的全部逻辑是"屈民而伸君，屈君而伸天"(《春秋繁露·玉杯》)。在他看来，君王是国家政治的核心，他的权力来自天。故有："君人者，国之元"(《春秋繁露·立元神》)，"《春秋》之法，以人随君，以君随天"(《春秋繁露·立元神》)。民众服从君王即符合天命。此外，董仲舒创造性地运用阴阳五行学说诠释天命，以五行相生相克隐喻政治行为。比如，土代表着君主，木代表着人民，"君大奢侈过度失礼，民叛矣。其民叛，其君穷矣，故曰木胜土"(《春秋繁露·五行相胜》)。又有："天之生民，非为王也，而天立王以为民也。故其德足以安乐民者，天予之；其恶足以贼害民者，天夺之"；"王者承天意以从事"。(《春秋繁露·尧舜不擅移，汤武不专杀》)

　　在经历春秋战国百家争鸣之后，原初天命论被严重解构和世俗化。各国争雄皆凭实力相抗，君臣之间无不以权谋相待。权力的唯一来源即实力。董仲舒尝试扭转这一局面的努力并没有取得显著成效。君师一体已然被君主们娴熟掌握。他们不可能放弃自己对天命的解释权，更不可能在自身之外重塑更高位阶的权威。然而董仲舒为我们重申了一个重要命题：权力是否需要道德给予支撑？答案显然是肯定的。人是理性的动物，个体生活和社会生活中的任何行为都需要理由。道德论证之所以重要就是因为它能够为我们提供某种关于行动的正当性证明。君主权力如果仅仅依靠暴力手段，基于恐惧而被迫服从的话，显然不具有稳定性。从长远来看，社会成员对统治者服从性偏好的产生源于其接受了某种道德法则。连接服从与认同最可靠的方式也只能是道德法则。正因为如此，后世历代统治者无论是夺得权力抑或保持权力,都非常重视对自身权力的道德论证。天命统摄的道德意涵被无数思想家解说,它虽失去了神学意义上的权威性却获得了道德意义上的超验性。道德哲学话语代替神学话语成为权力支撑,说明古人摒弃基于神明崇拜的思维方式而更习惯于通过个体理性把握道德法则去理解政治生活。较之其他民族,我们更早地开启理性,也如梁漱溟所言:中国是理性早熟的国家。当人们能够透过理性参与政治生活时,天命便由神学的意识形态符号转化为道德性的意识形态符号。天命论则伴随了中国古代王朝政治体制漫长的发展与消亡过程,持续不断地供给着各种可被接受的道德法则,在维护政治统治秩序方面起到了基础性的作用。

其次,人性论为王朝治理提供了可靠依据。无论是政治思想学说还是实践治理过程都离不开对人的关注。中国传统政治思想关于人性论的解说主要有两个维度,一是性有善恶,二是性分等级。历代思想家们几乎都围绕此两点阐述观点,相互争论。统治者们也根据对人性的抽象与总结构建有效的治理策略。历史上,讨论人性问题首推先秦诸子,特别是儒家与法家的诸多理论。从某种意义上说,性善性恶之辨甚至成为区分学派的核心标识之一。孟子性善论集中阐明了儒家对人性的基本假定。他认为人皆具有"良知良能",既不需后天习得,也不是心思计算的结果,而是一种本能。"人之所不学而能者,其良能也;所不虑而知者,其良知也。"(《孟子·尽心上》)人的这种本能造就了"不忍仁之心",仁义礼智也皆由此生发出来。与之相对,在法家学派那里,人本能地趋利避害、追逐名利,不存在什么良知良能。现实生活决定着人性样态。商鞅言:"民生则计利,死则虑名。"(《商君书·算地》)韩非子言:(人)"以肠胃为根本,不食则不能活,是以不免于欲利之心。"(《韩非子·解老》)人性论是一种关乎人的假定,性善论者赋予人性以道德期待;反对者们则更关注人的现实要求。及至宋代,朱熹理学在人性论上突破了简单的善恶之辨。他构建了道德本体即"天理",并在天理与人欲之间规制人性。实际上,天理是人性道德维度的拔升,符合天理要求即发挥着人性之善,反之则无。

明代阳明心学则更进一步,在认识论上把握人性。王阳明讲:"无善无恶是心之体,有善有恶是意之动,知善知恶是良知,为善去恶是格物。"(《传习录》)与朱熹不同,王阳明认为道德本体即是心,不能存在心之外的天理。把握人性善恶也全在于心。理学、心学不断丰富着中国古代对人性的认知,也使自孟子始的性善论根植于儒家思想之中,进而成为政治意识形态的主流。

此外,中国古人对人性的另一个判断是性分等级。孟子将人分为大人、小人、君子、野人,并赋予他们不同的道德意义。君子人格是儒家对人性的道德期待,也是对处于社会高等级结构者的定义,虽然事实上并不是所有位阶高的人都具备君子人格。董仲舒以后,性分等级是思想家们把握人性的共识。他讲,"天生民,性有善质,而未能善",需要"王教化之也"。(《春秋繁露·深察名号》)君主有圣人之性,无需教化,处于最高层;中性之人可以为君主教化,"斗筲之性"之人则不可教化。唐代韩愈也有着类似的判断,"民之初生,固若禽兽狄夷然";"有圣人者立,然后教之以相生养之道"。(《韩昌黎文集·原道》)他所说的圣人也指向社会等级最高层的君主。"帝之与王,其号名殊,其所以为圣一也。"(《韩昌黎文集·原道》)性分等级是古代王朝等级结构及其划分的道德依据。它让君主在掌握政治权力的同时也掌握了真理解释权。

中国古代王朝治理是人治与治人的高度结合,一切治理活动均作用在具体的人或群体之上。性善性恶以人性的道德属性和现实需求为根据,君王施行德治策略,构建一系列道德法则和君臣民之间的政治交互准则,引导民众去追逐和遵守。同时,君王还通过法律规定、权术运用,控制和约束臣下及民众的现实需求。此外,性分等级则让君王不仅能够诠释天命,还能够解释人性,进而塑造被统治者的思想方式,将绝大多数被统治者定格在社会等级结构的最底层。等级社会的最大特征即是政权掌握者同时还掌握着对每个社会成员规定其特定位置身份的权力。中国古代等级社会之所以如此稳固,与几千年来君王掌握着对人性的解释权有着直接关联。

最后,民本论表征着王朝政治基本逻辑。王朝框架内,政治生活品质取决于以君主为核心的统治集团治国策略的优劣。国家资源集中在统治者手中,他们在寻求维系统治过程中必须与被统治者分享资源,因为公共生活是所有社会成员相互竞争与合作的产物。即便是王朝国家,君王也不可能独享社会全部资源,否则社会必然解体,王朝统治也不复存在。中国古代君王很早便有清晰的认识,他们非常看重作为社会最底层、绝大多数的被统治者们的力量和需求。民众是王朝存续的支撑,满足民众需求是维护王朝统治无法回避的政治课题。按照张分田教授的说法,民本思想最早源于宗族观念、宗教观念、政治经验和社会认知。①笔者认为,后二者应是民本思想能够成为历代统治者共识的决定性因素。早在先秦时期,统治者就将天命与民意关联在一起,权力的正当性相当一部分来自对民众利益的关切和满足。统治者可以对天命作出各种解释,唯一不能抛弃的元素却是"重民""养民"。及至唐宋,"民为国本""民为邦本"的观念内化在王朝政治的逻辑结构之中。

王朝政治的基本逻辑结构是:君为民主,民为国本。民本思想的核心指向是君民关系。古代政治思想对此阐述非常丰富:立君为民说,"天之生民,非为君也。天之立君,以为民也"(《荀子·大略》);君舟民水说,"君者,舟也;庶人者,水也。水则载舟,水则覆舟"(《荀子·王制》);君为民主说,君主"畜民""牧民";君主养民说,"先王之时,民养于上"(《破邪论·赋税》);君民同利说,"苟利于民,孤之利也。天生民而树之君,以利之也。民既利矣,孤必与焉"(《左传·文公十三年》),等等。从这些观点可以发现,重民、养民、牧民、畏民是古代君王对民众的基本态度。无论从道义还是现实考量上讲,君王善待民众、驾驭民众是王朝政治成功的核心要义。中国古代对民的认知与今天不同。古代的民首先是群体性概念,其次特指王朝等级结构中的最下层,而且民还意味着蒙昧、无知。由此,民虽为国本,但并不具备直接为自身谋利的资格和能力。民众的利益源于君王,民是君王的附属。君王为民之主,代民谋

---

① 参见张分田:《民本思想与中国古代统治思想》(上),南开大学出版社,2009年,第77~83页。

利。与其说君王对民承担政治责任,毋宁说是通过代民谋利施加统治权力。养民与牧民在古代君王那里合二为一。王朝政治的逻辑结构也正是搭建在此种统治者与被统治者关系之上。从这个意义上讲,民本论的逻辑也是王朝政治的逻辑。民本论发展极限也正是中国王朝制度发展最完善、最顶峰的明清时期。当王朝不再存续时,民本论也完成了历史任务,走向了思想终结。

天命论、人性论和民本论诠释了王朝统治秩序及其稳定性,为王朝治理提供了诸多策略,搭建起王朝政治的基本逻辑。它们虽然不是传统政治思想的全部,但蕴含着古代政治思想与实践最核心、最重大的几个命题,非常值得思想史研究者们持续不断地探索。

二、近代政治思想转型的四个焦点

1840年之后,中国被逐步裹挟进世界范围内的现代化浪潮。清王朝在经济、政治、文化、社会等各个领域遭受了前所未有的冲击。王朝体制与传统意识形态同时面临制度危机和信仰危机。政治家和思想者们或被动或主动地回应来自西方的侵袭。救亡图存、寻求富强成为此后百余年间思想家们最为迫切需要解决的时代课题。思想观念领域重构与现代启蒙以西方知识作为知识基础。清王朝的自改革与革命者们的革命运动共同推动了政治思想的现代转型。近代政治思想在思想边界与时代需求之间展现着或保守或激进的面孔。

第一,救亡图存、寻求富强是摆在思想家面前严峻的时代课题。清王朝遭受的"数千年未有之变局"并非传统意义上的王朝更迭、治乱循环,而是一场传统与现代的较量。西方列强工业军事实力、资本力量和追逐资源与市场的欲望让中国一次又一次感受到跨越地理空间与社会时代的冲击。不仅中央之国的狭隘地理观念被打碎,曾经引以为傲的天朝观念被瓦解,甚至还面临着亡国灭种的民族危机。在救亡与富强的道路上,"开眼看世界"是迈出的第一步。林则徐在广东时敏锐地意识到与外国人交往必须"时常探访夷情，知其虚实，始可以定控制之方"①。我们与包括英国在内的西方国家在军事力量、经济实力和政治制度方面存在很大差距和差异，必须予以重视。他的认识源于政务实践体验和求真务实的态度。认识西方、了解世界的心态使林则徐成为近代以来开眼看世界的第一人。遗憾的是，第一次鸦片战争并没有引起朝廷足够的重视。让统治者们真正感受到切肤之痛的是十几年后接踵而至的太平天国运动和第二次鸦片战争。传统思维里，农民暴动是任何王朝统治者的心腹之患。与以往不同的是，太平天国反清主张吸纳改造了西方的宗教知识，不仅挑战清王朝政权，而且极大地冲击了它的思想统治基础。用曾国藩的话讲："粤匪切外夷之绪，崇天主之教。举中国数千年礼义人伦、诗书典则，一旦扫地荡尽。此岂独我大清之变，乃开辟以来名教之奇变，我孔子、孟子之所痛哭于九原。"②在疲于应对太平天国的同时，清王朝又与英法开战，京师沦陷，皇帝西狩。第二次鸦片战争以迅速媾和、签订不平等条约惨淡收场。这让朝廷高层真正认识到，如果不作出改变，内忧外患都足以摧毁统治。同时，也让一批先进国人认识到，解决中国问题不仅要了解世界，还要主动接纳世界变化。19世纪60年代开始，接纳先进知识技术以"求强""求富"的洋务运动开始，它是近代中国第一次主动发起的改革实践探索。至中日甲午战争止，洋务运动巩固了清王朝政治统治，一定程度上推动了中国现代化进程。虽然它无法从根本上解决救亡问题，然而它留给国人的思想遗产至少有三：一是树立了开放、求变的心态；二是消解了夷夏大防的地理与文化观；三是孕育了中国近代资本主义思想观念，王朝意识形态悄然发生着变化。

求强求富的洋务运动并没有实现国家富强。中日甲午战争、庚子国难这些更为剧烈的内忧外患彻底动摇了清王朝的统治基础，进一步加深了民族

---

① 《林则徐集》，中华书局，1985年，第765页。
② 《曾国藩全集》，岳麓书社，1988年，第232页。

危机。19世纪、20世纪交会之际，变革政治制度成为新的救国方案。康有为、梁启超等人推行的变法思想，袁世凯和王朝亲贵们主导的官制改革与预备立宪以及孙中山等革命党人建设共和国家的主张使现代政治知识和思维逐步浸入和影响着中国的政治制度变革，中国延续几千年的王朝制度终结在了1911年。然而从清王朝到中华民国，政治制度变革依旧没能让国家摆脱危局。这一时期的政治实践严重滞后于政治制度设计，政治思想供给与实践需求发生错位，造成了政治运行的低效和混乱。因此，假民主共和之名行王朝专制之实、复辟帝制等政治乱象层出不穷。中国由统一的王朝专制国家变成了实际上的军阀割据。也正是此时，一批新派知识分子出现在了中国思想舞台，思想启蒙运动于20世纪20年代进入新高潮。陈独秀、李大钊、胡适等新思想家们大倡民主与科学。他们在思想维度较为系统地宣传、解说包括马克思主义在内的西方现代性学说与观念。当然，还涌现出一批如梁漱溟等致力于坚守本土思想文化的思想者们。在那个政治思想领域空前活跃的年代，自由主义全盘西化论、保守主义乡村建设论等层出不穷。1921年，中国共产党诞生并提出了中国化的马克思主义政治主张。这标志着中国有了一种不同于传统意义上的现代性政治话语知识。中国的马克思主义者们与其他同时代思想家一道开启了20世纪最伟大的思想解放运动，共同担负起了救亡求强的时代重任。

第二，西学成为政治思想构建的新基础。近代思想史专家罗志田教授将中国思想近代变革总结为从传统时代"道一而已"转向"道出于二"，最终衍化为以西学为基础的"道通为一"。①罗志田的判断精练清晰地把握了近代政治思想的变革轨迹。其中，包括对学习西学知识的心态、历程以及西学本土化的成就与偏差。首先，近代国人接受西学知识的心态经历了从"师夷长技以制夷"到"中体西用"，再到"全盘西化"逐步深化的过程。19世纪40年代，

---

① 参见罗志田：《道出于二：过渡时代的新旧之争》，北京师范大学出版社，2014年，序言。

魏源提出"师夷长技以制夷",认为"善师四夷者,能制四夷;不善师外夷者,外夷制之"。①他编撰《海国图志》,向中国介绍世界地理知识、人文风情、历史沿革等,目的即是倡导学习西方之长、维护民族独立。梁启超评价道:"中国士大夫之稍有世界地理智识,实自此始。"②

洋务运动时期,曾国藩也提出"师夷智"。他认为,"制造船炮,为中国自强之本",而"以学作炸炮、学造轮舟等具为下手功夫"。③除了学习工业军事技术,曾国藩颇具远见地提出要培养翻译人才,学习西方科学技术原理。他讲:"翻译一事,系制造之根本。洋人制器,出于算学,其中奥妙皆有图可寻。特以彼此文义扞格不通,故虽日习其器,究不明夫用器与制器之所以然。"④那些理学家们眼中的"奇技淫巧"能够被他如此认真对待,作为晚清一代理学大儒,曾国藩的见识实属卓越。他的学生兼幕僚李鸿章也主张学习西方技术以成"自强之本"。他主张掌握先进技术产品,特别是军工技术和产品,从而"师其所能、夺其所恃"⑤。可见,在西方坚船利炮的直接刺激下,部分国人开始发掘西人之长,并谋求学习接纳,中国传统知识谱系发生变化,近代知识架构里有了新的元素。

然而师夷、制夷仍停留在李鸿章所谓"变器不变道"的阶段。真正开始有了"道出于二"的格局乃自张之洞"中体西用"论始。他将中国固有的"道统""学统"和"政统"称为"旧学",西方"西艺""西政"称为"新学",提出"旧学为体,新学为用",主张"新旧兼学""不使偏废"。在新旧中西之间有选择地坚守、接纳和拒斥。"夫不可变者,伦纪也,非法制也;圣道也,非器械也;心术也,非工艺也。"(《劝学篇·变法》)张之洞"中体西用"论超越了"师夷长技以

① 魏源:《海国图志》,岳麓书社,1988年,第1093页。
② 梁启超:《中国近三百年学术史》,中国书店,1985年,第324页。
③ 《曾国藩全集》,岳麓书社,1988年,第748页。
④ 同上,第7604页。
⑤ 《李文忠公全集》(卷19),上海商务印书馆,1921年,第36页。

制夷"的思想框架,相当程度上开拓了近代中国知识结构,而且非常契合现实政治需求。

另一方面,"中体西用"论也成为中国近代保守主义政治思想的源头,影响了一批近代思想家。在看待西方知识问题上,较之"中体西用"更为激进的是全面学习西方,乃至"全盘西化"的主张。郭嵩焘发现,只学习西方技术是急功近利和舍本逐末。"方今治国之要,其应行者多端,而莫切与急图内治以立富强之基。"①他主张从整体上向西方学习,构建新的"政教"体系。可见,郭嵩焘的主张超越了他同时代的思想家,但在那个阶段没有也不可能被足够重视。"全盘西化"论最为鼎盛时期当属四十余年后的新文化运动。陈独秀、胡适等人尖锐地批评传统,以极大热忱接纳西学。用陈独秀的话讲:"(孔教之)根本的伦理道德,适与欧化背道而驰,势难并行不悖。吾人倘以新输入之欧化为是,则不得不以旧有之孔教为非;倘以旧有之孔教为是,则不得不以新输入之欧化为非。新旧之间,绝无调和两存之余地。"②"无论政治学术道德文章,西洋的法子和中国的法子,绝对是两样,断断不可调和迁就的","或是仍旧用中国的老法子,或是改用西洋的新法子,这个国是,不可不首先决定。若是决计用旧,一切都应该采用中国的老法子,不必白费金钱派什么留学生,办什么学校,来研究西洋学问。若是决计革新,一切都应该采用西洋的新法子,不必拿什么国粹,什么国情的鬼话来捣乱"。③他显然主张后者。"全盘西化"论带有明显的反传统倾向和颇为激进的论调,但也印证了此时包括政治思想在内的近代知识已经构建起以现代性元素为基础的知识系统。从师夷制夷、中体西用到全盘西化,传统的"道"已然遭到彻底瓦解。

学习西方知识也是将现代性知识转化为本土知识的过程。近代中国持续不断地接纳现代思想观念。科技、政治、经济、文化、社会等各个领域实现

---

① 《郭嵩焘日记》(第3卷),岳麓书社,1982年,第505页。

② 《独秀文存》,安徽人民出版社,1987年,第660页。

③ 同上,第152页。

现代性变革。当然,我们学习西方,接受现代性过程也存在不少偏差。一是进化论的社会达尔文主义深刻影响着近代国人。当救亡话语优先于启蒙话语,政治制度改造和政治知识供给为的是实现国家富强的时候,学习欧洲、日本、俄国、美国,无不是为了拯救民族危亡。谋求建设更优良的公共生活对于近代中国而言,虽很重要但非最紧迫的任务。政治家和思想家们对现代政治存在一定误会,当然我们对此不应存过分的苛责。二是由此带来的思想家们对现代政治生活的理解存在工具理性优于价值理性的倾向。国人能够接受民主、自由、法治、权利等现代政治概念,但在理解诠释方面以工具理性维度为主。这也造成了在此后相当长的时间里,我们在评价政治生活品质高低时总是以是否有效、是否尽可能高效为判准,而忽略了某些政治生活的道德法则。

第三,改革、革命是近代政治思想转型的动力。政治思想变革总是伴随着社会整体变迁。与所有大变革时代一样,近代中国社会也不断求变。在政治领域,清王朝的自改革与革命党人的革命运动共同推动了政治思想从传统走向现代。如前文所言,洋务运动是清王朝第一次主动求变的努力,国家开始向世界开放并酝酿了资产阶级新思想。郑观应、郭嵩焘等早期维新思想家以及康有为、梁启超、严复等人的变法思想都是洋务运动国家开放的结果。19世纪90年代之后,朝廷变法和孙中山等人的革命活动使国家、国民、立宪、民主、共和、自由等现代政治话语逐渐取代传统政治话语成为构建政治生活的主流元素。例如,立宪改革推动了现代国家观、国民观的源起与传播。戊戌变法和预备立宪试图将王朝体制改造为施行君主立宪的民族国家。康、梁等人很早就意识到,国家作为一种世俗性的公共产物,是一个由国民组成的共同体,故有"国民者,以国为人民公产之称也。国者,积民而成,舍民之外,则无有国。以一国之民,治一国之事,定一国之法,谋一国之利,捍一国之患;其民不可得而侮,其国不可得而亡,是之谓国民"①。由此,打破了天造国家的传

---

① 梁启超:《饮冰室合集》,中华书局,2015年,第291~292页。

统国家观。自梁启超 1896 年首创"国民"概念,国民即意味着国家的主人,对国家拥有权力。预备立宪时期,思想舆论界更大倡主权在民的国民观:"国民实为国家之主体,以总握国家之主权。匪特对于国内之政治法律,一切由己主持,即对于他国之国际交涉,罔不以国民为最高之机关,以自行办理。"①君权天授,君为民主的旧思维被民权思维取代。此外,革命运动则让共和国家思想深入人心。革命党人在反清斗争中提出一整套完整的资产阶级政治方案。孙中山的"三民主义""五权宪法"和"建国三序",宋教仁的政党政治主张不同程度地支撑着中华民国的政治运作。虽然在某些领域尚不成熟,但告别帝制实现共和的观念成为近代政治思想的主流,让王朝体制彻底失去了社会基础和信仰支撑。

当然,政治实践变革也并非单向作用于政治思想变迁。任何政治实践都需要特定的政治观念作为指导。近代思想家们提出的各种观念、概念、方案都或多或少地影响了政治实践变革。然而一种政治观念、政治思想之所以可能为社会普遍接受,或者成为一个时期政治思想的焦点甚至主流,它必然是政治实践中抉择、淬炼的结果。康有为、梁启超、严复、孙中山、陈独秀、李大钊、胡适、梁漱溟等人之所以重要、之所以能够成为中国近代政治思想不可绕过的思想大家,恰恰是因为近代中国政治实践历程选择了他们,将他们的政治思想推到思想谱系的最前沿、最高处。中国近代的政治改革与革命也正是在这个意义上成为近代政治思想转型的动力。

第四,近代政治思想在思想边界与时代需求之间展现着或保守或激进的面孔。与传统政治思想大体分为儒、法、道、墨等各种学派不同,近代政治思想呈现出各种相互争锋与交替的思潮:洋务思潮、君主立宪思潮、共和革命思潮、自由主义思潮、文化守成主义思潮等。各种思潮在诠释现代政治文

---

① 张枏、王忍之:《辛亥革命前十年间时论选集》(卷3),生活·读书·新知三联书店,1977 年,第 703 页。

明时有其各自的思想边界，在直面时代需求时它们不断转换着或激进或保守的面孔。洋务派思想家们主张国家开放，相对于传统士大夫和官僚们即是一种激进的主张，但与谋求改造王朝体制的立宪派思想家们相比，无疑又是保守的。同样，康、梁等君宪思想家们大胆提出设议院、制宪法，改造王朝权力结构。朝廷斥之为乱党，其激进程度可想而知。然而戊戌变法后不到十年，面对共和革命主张的挑战，君主立宪已然以保守的姿态进入人们视野，似乎它已落后于时代诉求。所以保守和激进只是某种思想被放置在特定话语空间内加以定位的尺度，应作中性判断。

思想的激进性意味着某种主张超越时代需求，其学说不具备厚重的社会根柢，也不可能成为主流观念。但是超越时代需求的思想也正是社会观念更新的来源。作为知识增量，它们能够有力地冲击旧式思想格局，注入新的思想元素。可以想见，如果没有梁启超、严复，国家、国民、自由、民权观念不会进入国人视野，如果没有孙中山、宋教仁，建设共和国家、施行政党政治自然也是不可想象的话题。近代诸多政治思潮的激进性推动了中国现代政治文明进程。另一方面，思想的保守性意味着它的主张落后于时代需求，其学说已经不适应社会发展。然而当任何一种政治思想的边界被突破、瓦解，表现出其保守性的时候，被淘汰是它的必然，也是政治文明进步的结果。不能以其今日之保守而否定其昨日之价值。特别需要注意的是，这里说的保守仅仅是尺度判断，与作为政治思想的保守主义无涉。保守主义政治思想的保守性并不意味着顽固甚至反动。保守主义总是带有某种防御性，它看似自成体系，而其知识谱系又是如此的松散，以至于在思想文脉上很难明晰地勾勒出保守主义思潮的整体框架与传承图景。它也很难被视为一套完整的理论范式，我们无法确定该思潮拥有哪些明确的原则、目标抑或对公共生活给予某种确定性的期待和评价。正如亨廷顿所言："最好不要将保守主义理解为是一种注定要保卫某种特定制度的理论。保守主义实际上是这样一种意识形态，它在社会生存基础受到威胁时，会提醒人们某些社会制度的必要性以及现存制度的可取性。"①可以这样讲,保守主义是一种思想方式,它总是面对某个具体社会图景中的社会问题,根据社会变革的具体逻辑、倾向、激烈程度而衍生出其应对策略。

三、结论:近代政治思想的现代性构建与话语诠释策略转换

中国近代政治思想转型结果是完成了从王朝体制走向现代政治文明的价值与路径抉择;实现了从道德哲学话语修辞到政治哲学话语修辞的转换,并将此二者延续至今。

第一,建设现代国家是近代政治思想家们的共同诉求。他们以建设现代国家为载体,塑造现代政治文明的价值与路径。对于政治共同体而言,传统与现代的本质区别在于国家权力归属、权力运作模式、社会成员资格及其交互关系样态。首先,国家权力归属从君为民主到君民共主再到主权在民,思想家们逐步打破国家为君王私产的固有观念,将国家解释为公共产品。国家的公共属性意味着它为全体社会成员所共有。其次,权力运作模式不再以君权天授、天子授命于天的观念为合法性依据,民主政治既是主权在民的逻辑结果,也是限制任何权力专断的机制保障。近代思想家们从设议院、制宪法到五权分立、政党政治等所有主张皆是谋求构建现代国家政治权力运作方式,以民主、法治取代君主专制。最后,近代以来的国民观以及平等、自由思想培育了公民意识。人分等级的人性假定和政治人格预设不复存在,王朝体制下的政治等级结构被彻底消解。在不同思想家那里,理想的现代国家及其建设路径也大相径庭。他们为近代中国提出了诸多解决方案。在梁启超眼中,国家是一个有机体,与国民共生共灭,政府和议院有如国家的器官,宪法则是连接各个器官成为整体的精神。所以他心中理想的国家即是由全体国

---

① S. Huntington, Conservatism as an Ideology, *American Political Science Review*, Vol.51, 1957.

民组成的，以宪法为权威，施行议会政治的政治共同体。培育国民，制定宪法，开设议院是国家建设的要求。孙中山则以建立一个民族、民权、民生的资产阶级共和国为目标，必须彻底推翻帝制，实现共和制。自他之后，建设共和国家成为思想界主流，国家建设在君宪与共和之间选择了后者。及至新文化运动时期，胡适等人追求建立自由主义式的共和国；早期马克思主义者如李大钊借鉴苏俄布尔什维主义，设想未来是"平民政治"的共和国；梁漱溟则既反对欧美自由主义，又反对走苏俄道路，开创了乡村建设，以乡村现代化带动国家现代化的主张。中国共产党人则在马克思主义与中国政治实践相结合的基础上创造性地提出建设一个人民民主专政的新民主主义共和国，进而由新民主主义向社会主义过渡，最终将国家建设为社会主义共和国。总之，各种现代国家建设方案虽彼此有很大差异，但在价值追求维度都表征着中国政治文明迈向现代化，近代政治思想开始转型，即终结王朝思维，告别专制逻辑。时至今日，建设民主、法治国家也是我们孜孜以求的奋斗目标。

第二，近代政治思想实现了概念诠释话语策略转换。传统政治思想较早地完成了由神学话语向道德话语的转型，王朝社会几千年来皆以道德哲学的修辞言说政治思想。西方政治概念进入中国之后，思想家们开始改变传统诠释策略。事实上，道德哲学和政治哲学共同指向了某个社会共同体中各主体之间的关系，无外乎表现为群体与群体、个体与个体、群体与个体的交互行为及其衍生的价值意义，其论域界限并不是十分清晰。中国传统政治是古代公共生活所包含的道德哲学与政治哲学的对立统一。然而在讨论中国政治思想变革问题时，必须将二者进一步加以辨别。这是由中国传统政治思想泛道德化的基本特征所决定的，应当厘清哪些属于"道德性的"，哪些属于"政治性的"。例如，近代政治思想家们拒绝用君主德性、天命授受来分析政治秩序，而是将整个政治共同体作为分析对象，政治秩序的道德意义由公共生活的品质优劣程度所决定，凸显着政治哲学思维。又如，在政治人格假定问题上，传统政治思想以良知良能、内圣外王等道德哲学修辞规定出君子人格,并赋予其特定的政治意涵与功能。近代思想家们关注的公民人格则更多源于人在公共生活中所应具备的资格和承担的角色。自由、平等、权利、义务等政治哲学概念无疑是公民资格的核心要素,通过政治话语表述定义了政治人格。总之,在诠释策略和修辞运用维度实现道德哲学话语向政治哲学话语转换,意味着中国近代政治思想对接上了现代政治话语系统,实现了政治思想史发展的一次跨越。

第一章

中国传统政治思想人性论及其转换

君子人格的政治意义与反省

对人性的追问与思考是中国古代政治哲学论域中一项重要话题,君子作为一种关于理想人格的道德期待,承载着一整套传统社会价值,特别是政治价值系统。君子依附于中国古代王权体制,是王权主义的衍生品。在现代生活中,如果忽略君子本来的属性与功能而加以过度诠释,武断地将其与"公民""自由""平等"等概念建立某种关联则很可能造成不小的理论误会。因此,审慎地理解君子,深入分析其在现代公共生活中有无实现现代转换的可能以及对当下的意义,并给予适当的评估无疑是一项颇具价值的理论工作。

一、传统政治等级结构中的君子人格

"君子"这一称谓早在两周时期即已普遍使用,并通常与"小人"成相互对比之修辞。如"周道如砥,其直如矢。君子所履,小人所视"(《诗经·小雅·大东》);又如"君子有徽猷,小人与属"(《诗经·小雅·角弓》);再如"驾彼四牡,四牡骙骙。君子所依,小人所腓"(《诗经·小雅·采薇》)。在这些记载中,君子被视作政治贵族,而小人则指平民百姓,可见,表征政治等级身份是"君子"最原初的意涵。对此,《春秋左氏传》中这样表述:"君子小人,物有服章,贵有常尊,贱有等威。"(《春秋·宣公十二年》)及至孟子,认为这种政治等级划分具有天然的合理性,君子、小人(野人)的等级分化源于各自社会职能不同,"无君子,莫治野人,无野人,莫养君子","有大人之事,有小人之事……故曰:或劳心,或劳力。劳心者治人,劳力者治于人,治于人者食人,治人者食于人。天下之通义也"。(《孟子·滕文公上》)在儒家那些古代思想者看来,良好的政治秩序正是建立在等级框架内君子与小人之间"治"与"养"的关系之上,一旦等级结构被打破,便会出现灾难性的后果,即所谓的"礼崩乐坏"。因此,君子不仅是统治阶级使用的一种政治修辞,还体现了其特定的政治认同,起到凝聚共识的效果。

君子与小人的等级差别还体现了思想家们为他们赋予了不同的道德属性,至关重要的一点表现为"义利之辨"。孔子言:"君子喻于义,小人喻于利。"(《论语·里仁》)该论断给予君子以最基本的评价标准。孟子更是明确指出忽视道义的后果:"上下交征利而国危矣。万乘之国弑其君者,必千乘之家;千乘之国弑其君者,必百乘之家。万取千焉,千取百焉,不为不多矣。苟为后义而先利,不夺不餍。未有仁而遗其亲者也,未有义而后其君者也。"(《孟子·梁惠王上》)与大多数思想家们不同,荀子一直对人性持有审慎的评价,认为"今人之性,生而有好利焉,顺是,故争夺生而辞让亡焉;生而有疾恶焉,顺是,故残贼生而忠信亡焉;生而有耳目之欲,有好声色焉,顺是,故淫乱生而礼义文理亡焉"(《荀子·性恶》)。可是即便如此,对于何谓君子的问题,荀子也承认:"道礼义者为君子……而违礼义者为小人"(《荀子·性恶》)。可见,遵守道义是思想家们规定具备君子人格的基本共识。

毋庸置疑,君子是中国传统王朝体制的特殊产物,只有将其放在传统政治等级结构中加以理解才可能更贴近其本意。概括地说,中国古代社会可以被描述成为一个以王权为核心的,由君主、官僚集团、普通民众构成的等级社会。故有"天下国家一体也,君为元首,臣为股肱,民为手足"(《申鉴·为政第一》)之说。不仅如此,正如刘泽华先生所言:"这种王权是基于社会经济又超乎社会经济的一种特殊存在。它是社会经济运动中非经济方式吞噬经济的产物,是武力争夺的结果……这种靠武力为基础形成的王权统治的社会,就总体而言,不是经济力量决定着权力分配,而是权力分配决定着社会经济分配,社会经济关系的主体是权力分配的产物;在社会结构诸多因素中,王权体系同时又是一种社会结构,并在社会的诸种结构中居于主导地位。"①也就是说,王权体制不仅深刻影响着中国古代经济生活面貌,同时也形塑了社会基本结构,进而作为具有政治人格与道德人格双重属性的君子贯穿于上述三个社会等级之中。

中国古代拥有较为发达的官僚系统,它是以科举制度为主的官僚选拔机制,而该系统又以儒家精神为依托,将君子视为官员的人格范本。如此,成为君子便是历代官员和那些试图进入官僚集团的知识分子的不懈追求,它既体现制度的刚性需求又彰显精神领域的群体认同。进而士人阶层——这个官僚及知识分子群体——成为一种君子人格外在化的群体性称谓,它将忠君爱民视为己任,一方面为君王服务,另一方面牵动着普通百姓进而成为维系整个王朝运作的中坚力量。在这个意义上讲,中国古代官僚集团及其后备力量构成君子人格具有中介性质的群体,同时也是古代中国君子人格最为广泛而重要的代表性群体。

君王居于政治等级结构中最顶端,君权作为古代一切社会生活的主导性力量,直接关乎王朝运祚,而首要问题即合法性来源。古代思想家们给出的一项重要理由是"天命说"。早在商周时期,人们对于天的认识即带有明显的道德色彩,认为天具有灵性,有着与人类相同的道德情感并能够对统治者的行为作出道德评价,而且天命是至高无上的绝对权威,君主的统治来自天命的护佑。孟子明确提出君主权力源于天:"昔者尧荐舜于天而天受之,暴之于民而民受之。"(《孟子·万章上》)及至董仲舒,更将天命学说发展为更加系统且神秘化的君权天授理论。他讲:"王者,天之所予也","唯天子受命于天,

---

①　刘泽华:《王权主义:中国文化的历史定位》,《天津社会科学》,1998年第3期。

天下受命于天子"。(《春秋繁露·为人者天》)孟子和董仲舒都承认,君主在天命的规范下展开统治活动,如果有悖于天,则会遭到合乎道义的暴力反抗或"天谴"。因此,历代君主都被告诫培育自身的德行做到内圣外王,这成为君子实现这一目标的必要条件。可见,在儒家思想统御下的古代中国,成为君子不仅是士人群体的追求,也是赋予作为最高统治者君主的一种政治责任。思想家们大约认为,只有君主和他的官员们具备同样的道德观念才有可能真正做到君臣一体,同心勠力。

普通民众是中国王朝等级结构中的底层群体,同时也是数量最为庞大的群体。在很多古代思想家那里,民众天然地具有愚昧无知、自为好利等人格缺陷,但这并不妨害他们拥有通过被引导教化和自身努力完善人格的机会和能力。因而开发自身的良知良能、塑造君子人格也能够成为每个普通人的道德追求。孟子认为,人性善是先天的属性,"人皆可为尧舜",因为"尧舜之道,孝悌而已矣。子服尧之服,诵尧之言,行尧之行,是尧而已矣"。(《孟子·告子下》)也就是说,每个人只要通过恰当的教育都可能成为圣人。由此可见,王朝时代的中国与严格意义上的封建社会不同,它鼓励各个等级之间的开放与流通,培育和成就君子人格则为这种流动提供了稳定而可靠的理据。

君子人格在士人、君主和普通民众之间构建起稳定的道德认同,更为重要的是,在由士人这个"中介"勾联起的君主和民众的"两极"之间,儒家将人们对君子人格所彰显的道德认同发展为维护王朝体制和王权主义的政治共识。中国古代社会所谓的超稳定结构一定程度上也得益于君子人格在每个政治等级中的拓展与延伸。

二、君子人格的双重属性及其政治功能

君子在政治等级中衍生出道德认同和政治共识,直接反映出君子人格具备道德和政治的双重属性。在中国古代人治与人治高度结合的政治生活

里，君子的道德人格与政治人格共同构成王朝对于其各等级社会成员的理想化要求，也发挥着独特的政治功能。

中国古代思想家一直致力于谋求构造更优良的社会生活，而道义问题成为被关切的首要话题。儒家思想将它落实在个人德行修为方面，将君子视为道义的化身。因此，君子人格至少体现出两个特质：其一，秉持仁德是对君子的基本要求。孔子言："君子而不仁者有矣，夫未有小人而仁者也。"（《论语·宪问》）是否符合仁是儒家关于德性的最高判断，也是君子区别于小人的根本标准。君子始终要锲而不舍地追求仁德，"君子无终食之间违仁，造次必于是，颠沛必于是"（《论语·里仁》）。儒家思想中有关"仁"的内涵的解说颇为庞杂，但"爱人"为仁、亲民爱物表现等差之爱是对仁的共识性理解之一。因此，君子要持有仁爱之心，彰显其仁德品质。此外，君子是礼义的忠实践行者。孔子讲："君子义以为质，礼以行之。"（《论语·卫灵公》）孟子也说："夫义，路也。礼，门也。唯君子能由是路，出入是门也。"（《孟子·万章下》）在他们看来，仁义德性不仅是道德价值，更是君子必须实践的。因此，思想家们尤其强调践行礼义，将是否能够在行为中做到符合礼义视作塑造君子人格的根本判断标准，"君子耻其言而过其行"（《论语·宪问》），言行一致是对君子始终不变的要求。

其二，注重事功也是君子的重要品质。义理与事功的矛盾一直是君子人格构成的阻力，尤其是程朱理学盛行以来，天理人欲之辨的思维方式在某种意义上将恪守义理等同于天理，注重事功视为人欲，后者自然不是君子应当追求的。但是从整个王朝，特别是官僚体系运作角度讲，注重事功的态度和处理实际事物的能力对于官员或准官员而言也是必不可少的素养，进而也应成为君子政治人格向度上的一种重要品质。对此，不少思想家意识到将天理人欲等同于义理事功的思维惯性在逻辑上存在问题，并尝试破解君子品格中崇尚义理与注重事功之间的障碍。陈亮在《又甲辰秋书》中批评朱熹理学"研究义理之精微，辨析古今之同异，原心于秒忽，较礼于分寸，以积累为功,以涵养为正"而"不知事功为何物"(《陈亮集》卷28)。在他看来,真正的义理就存于事功之中。基于这样的认识,陈亮强调道德的意义在于正视人的本性,"耳之于声也,目之于色也,鼻之于臭也,口之于味也,四肢于安佚也,性也,有命焉"。(《陈亮集》卷4)真正的君子应当有能力满足民众的合理欲望,因此重视事功不仅不与道德仁义相悖而且恰恰体现了礼义道德的真正价值。与陈亮相似,叶适在看待治国问题上明白地提出"实政与实德双修",礼义道德要落实到民利上来。他讲:"仁者,人之所以为实也,不求仁而失其所以为人,求仁而不得其所以仁,不可以止也。"(《水心文集·李氏中州记》)所谓"仁之实"即百姓的实际利益,进而追求功利使人民幸福即成为君子德性的本质要求之一。由浙东学派思想家们的共同认识中可以看出,他们将义理与事功作了很好的沟通,突破了纳功利观念于君子人格之中的思维障碍,认定注重事功是人追求德性完善的必然要求。

在寻求塑造符合道义规范的公共生活路向上,君子人格中的道德与政治属性最终指向其在政治运作过程中所发挥的价值和功能。君子作为明君、贤臣、顺民的抽象综合体,深刻影响着古代政治生活面貌,概括地讲,君子至少具备以下三种政治功能:

其一,君子是王权主义思想的坚守者,具有维护主流意识形态的功能。自两汉以来,儒家思想逐渐成为中国古代主流政治意识形态,其中虽沁染了法家、道家、墨家、佛家等其他思想观念,但从根本上讲,儒家思想无疑处于基础性地位。它所倡导的天命学说、民本观念等一整套关于政治合法性的论证及治国方略形塑了中国古代王权观念系统,并被历代王朝统治者加以推崇,而君子对儒家思想学说的坚守承载着其背后的价值观念,在客观上维护了主流意识形态。恰如荀子所言:"无君子,则天地不理,礼义无统,上无君师,下无父子,夫是之谓至乱。"(《荀子·王制》)由此可见君子在意识形态系统塑造中的地位。再如,孔子讲:"君子有三畏,畏天命,畏大人,畏圣人之言。"(《论语·季氏》)这里所谓"天命""圣人之言"放在政治统治语境中加以理解即王朝秉持的真理性知识与道德准则,君子对此应持敬畏之心。在此基础上,君子还担负着弘扬意识形态的政治责任,所谓"士不可以不弘毅,任重而道远"(《论语·泰伯》)。君子应"居天下之广居,立天下之正位,行天下之大道"(《孟子·滕文公下》)。总之,能够"为天地立心,为生民立命,为往圣继绝学,为万世开太平"(《张载集·近思录拾遗》),正是完美的君子人格所应具备的弘扬官方话语价值系统职责的恰当注解。

其二,君子是王朝政治制度安排的捍卫者,具有完善权力结构的功能。追求"内圣外王"不仅是君子人格的精神支点,同时也表征了这一群体的政治认同。他们热衷于参与政治事务,其目的正是维护王朝固有政治体制,并通过一定方式对权力结构进行完善。从某种意义上讲,王朝权力结构主要是指君主与臣下之间的权力分配格局,其中包括皇帝与臣下之间、臣子与臣子之间的权力关系。君子是皇帝最忠实的追随者,"卑己而尊人,小心而畏义,求以事君"(《礼记·表记》),成为皇帝的股肱之臣。具有君子人格的臣下虽然掌握权力,但是也知道如何运用权力侍奉君主,而不是与其分享权力甚至形成相互对峙的态势。忠君、事君是臣下行使权力的初衷和归宿。在完善权力结构方面,中国古代政治生活中的言谏、监察制度突出体现了君子的道德勇气和政治担当。这种滥觞于商周时期并贯穿王朝始终的权力监督机制其设计初衷即是试图通过德行的力量影响君主和官僚,从而使权力运用相对理性。言官和御史通常由那些被认为道德高尚的人担任,在古代人那里,具有高尚品质的人通常也被认为理所当然地拥有丰富知识和专业能力,因此具备君子品格的言官、御史们对皇帝和其他官僚提出的批评或弹劾具有道德上天然的正当性,虽然这种逻辑很值得怀疑,但一定程度上也起到了对权力的限制,对于完善王朝权力结构起到了积极作用。

其三,君子是王朝政治运行的调节者,具有整合、协调政治秩序的功能。君子作为政治秩序建构及其运行的主体,维系着王朝秩序的稳定。荀子言:"无土则人不安居,无人则土不守,无道法则人不至,无君子则道不举。"(《荀子·致士》）他将君子甚至看作国家基本构成要素之一，而且是影响秩序构建、形成"道"的关键。在将德治和人治作为治国方略的古代社会里，君子保持着政治生活的平稳。正如孔子认为的那样："其为人也孝悌，而好犯上者鲜矣。不好犯上，而好作乱者，未之有也。君子务本，本立而道生。"（《论语·学而》）如果社会成员都具备君子品行的话，那么犯上作乱之类的事情便不太可能发生，君子对政治生活稳定性的意义正在于此。这种保持政治稳定性的作用具体表现在君子能够协调政治运作过程。正如前文所言，君子作为中介，联系着王朝顶端和底层两极。他不仅是美德的集合体，同时也是娴熟地游弋于王朝权力结构及各种势力之间的政治人。在官僚体制中，"君子其待上也，忠顺而不懈，其使下也，均遍而不偏"（《荀子·君道》），能够做到上下协调、秉持中庸而左右逢源。在社会结构中，士绅阶层作为古代社会的基础性群体之一，担负着对民众安性劝业、道德教化的职责。那些具备君子人格的士绅往往能够成为身边普通百姓的引领者和道德榜样，无疑在客观上也起到了维持社会稳定，进而保证整个王朝政治运行平稳的作用。

综合上述所言不难发现，中国古代权力运行、治国方略、思想方式等各种因素决定了君子在政治生活中的独特地位，反言之，作为拥有道德和政治双重属性的君子也自始至终地强化、影响着古代政治生活图景。德（高尚品质）与行（实践能力）的塑造不仅是个人成为君子的努力方向，也是对全社会价值追求提出的基本要求，更是政府必须担负起德行教化义务的重要理由。

三、君子人格的当代省察

与中国古代政治思想和西方古典政治哲学一样，当代政治哲学也将权力运作及其合法性问题视为思考政治活动的首要问题。在这个意义上说，无论是古代还是当代思想家，何种社会生活是符合道义的问题一直是他们思想实验中的永恒话题，同时也是现实生活里政治家们的不懈追求。从现代政治理念维度上说，人们对公共权力运行的共识性认知要求我们在思考该问题时必须从形而上的观念维度和形而下的利益角度展开双重思考，其核心指向即构成社会成员政治人格的那些禀赋与偏好及其塑造机制。于中国社会而言，我们可资借鉴和利用的资源无外乎传统思想、西方理论及中国特色马克思主义思想体系。因此，站在古今关照、中西对比的角度探讨观念与利益问题，将君子这一传统概念放置在当代语境中重新加以解读不失为一种可能的证成方式，这就涉及以下三个问题：

第一，君子人格与现代公民德性之间的障碍及其转化的可能性。审慎地理解君子人格与现代公民德性之间的关联性是讨论其他现代意义是否能够成立的前提。君子是一种群体性概念，若不对此加以明确，武断地将君子与公民直接加以对比，那么必然会闹出不小的理论误会。前文中所记无论是孔子、孟子还是荀子，他们都将君子作为一种类存在加以认识和解说，并不指向单独的个体，这与我们今天理解的公民存在明显的不对称。此外，即便古人称某一道德高尚的人为君子，其行事坦荡荡，不入俗套，具有独特的行事风格，也不能直接说明君子具有与现代公民一样的独立性。因为前者主要指向道德意义，与小人相"对立"，而后者与其他所有人保持政治意义上的"独立"。由此可见，君子的群体性特征和道德对立性成为与现代公民个体性和政治独立性之间直接发生转化的根本障碍。

然而如果从作为一种人格形态的角度理解君子，其积极价值仍不失为现代公民德性构成中的重要元素。亦如梁启超所言，培育新民要注重"淬砺其本有而新之"①。在传统思想资源中发掘新元素进行批判性吸纳即是焕发传统资源现代价值的基本途径。君子人格的政治属性显然不具备现代转化的可能，而其道德属性中的某些方面无疑具有超越历史性、政治性的光辉价值。比如，"自强不息、厚德载物"的奋发精神与广博胸怀恰恰是当下公民德

---

① 梁启超：《饮冰室合集》（专集之四），中华书局，1932年，第5页。

性塑造亟须的道德担当。又如，"三省吾身"的自省意识也有益于防范公民德性中的独立意识走向极端个人主义表现出的个体傲慢。再如，君子"先天下之忧而忧，后天下之乐而乐"的义务感也是当下公民德性培育中缺少的积极因素。总之，正视君子的本质特征，厘清君子人格的政治属性与道德属性在现代转化中的困境与可能是君子这一古老概念实现现代转换的逻辑依据。毫无疑问，政治哲学所关注的主体——结成社会合作与冒险活动的人——应当能够理解和判断公共生活中的好坏善恶，君子人格中的某些道德特质为当代中国人提供了珍贵的智识资源与想象。

第二，君子人格与现代社会价值共识之间的契合性。君子人格的价值既然具备现代转换的可能，那么我们就有必要将其放置在社会生活领域作进一步考察。社会空间中的价值多元及利益分化决定了主流价值观念必须具备极强的包容性，这是凝聚观念共识的基本前提。当代中国主流价值系统——中国特色社会主义核心价值体系——具有足够的开放性，能够承接其他有益的思想资源以形成现代社会应有的思想自由与宽容。它所倡导的自由、平等、公正即是主流价值观在社会维度的反映。显然，这些价值范畴不是从传统君子人格中直接衍生出来，但传统治国方略对君子品行的某些内在要求一定程度上与今天倡导的价值具有某些契合性。例如，传统治国理念中关于财富平等的重视要求为政者的君子要注意避免"不均"现象的出现。另外，作为普通社会成员，还应有对弱势群体的特殊关切意识，君子人格中同情、怜悯的品质也要求公民对于当下中国社会公正问题给予足够的重视，并有服务社会的奉献精神。这些传统优秀品质和精神超越了阶级状况、社会发展阶段等外在因素的限定，在现代社会中仍旧彰显其不可或缺的价值意义，一定程度上讲，它也能够对于维护社会稳定起到积极作用。

第三，君子人格与担负公民教育责任的现代政府之关系。如果说君子人格与公民德性和社会价值凝聚之间具备关联性，那么如何彰显、发挥这些有益价值即成为必须讨论的话题。这其中担负首要责任的应当是政府。当然，此处还有一个前设性问题需要交代，即政府职能的限度。某些自由主义理论家认为政府开展公民教育超越了公共权力的边界，但事实上，世界上没有一个政府放弃公民培育的职能与责任。因此，我们这里不在理论假定的意义上讨论政府是否应当做公民教育工作，而只在现实层面认定，政府必然承担此项工作。具体到中国，政府通过教育系统、宣传系统培育公民品德。培育富有道义良知的公民是公民教育中的重要内容，君子人格的有益元素当然应在政府施行教育工作时给予必要的借鉴与采纳。它既有利于每个个体的德性完善，更有益于整个国家公共生活向更优质方向发展。

总之，在现代国家里，有序且繁荣的社会生活源于社会成员对公共权力的集体认同。每个政治社群具有不同的思想文化传统、经济发展方式、政治建设模式，其成员的心理认同很大成分来自对传统的持守，因此如果让更多人认可现代政治生活，那就不能对它只做一种形而上学的解释（比如，陷入西方中心主义的思想误区）。同样的，对于当代中国而言，我们如何理解公民、社会及政府，也需要从传统中寻求恰当的知识资源，以我们能够理解的方式进行阐释。我们对君子人格的现代价值持审慎的理解和批判性的吸纳，既实现了现代政治观念本土化的效果，也不至于对其基本政治意涵作出过度诠释而造成理解上的混乱。

第二节

新儒学人性论的政治哲学解读与诠释方法变革

寻求构建一种优良的公共生活是政治哲学的全部议题，也只有在这个意义上，政治哲学才具有永恒的生命力。我们也有理由假定，人类历史中所有的政治思想家都努力尝试勾勒自己心目中的理想政治图景，只是受不同社会历史发展环境、思想者思想水平和方式等因素所限，东西方思想家面对政治生活问题时会作出不同的解说。以儒学为核心的中国古代思想和西方古希腊思想是人类社会两大重要的思想传统，而构成两大思想的核心正是政治哲学。西方思想经历长期发展后衍生出现代政治哲学，这自不待言，然而中国古代思想在现代化变革中却表现出明显的不适应，无论是思维方式还是概念理解甚至是表述方式都存在不小的转型困境。新儒学思想家却从未放弃实现儒学现代化的努力，这是个极为复杂的问题，本书仅从儒家话语系统关于人性问题的讨论切入，尝试在政治哲学语境中梳理各种代表性人物对该问题的理解，试图对中国哲学现代转型中遇到的表述方式方面的困境作出简要的辨析，尝试对思想先进们的观点作适当的评价。

一、古代思想对人的认知及政治思维塑造

每个时代人们对政治生活的理解都必然会抽象为形而上学的哲学学说、道德学说或宗教学说。这是因为作为理性的存在者，我们需要一个能被

接受的理由去解释当时当下的生命状态和生活面貌。与理解个体的生命和生活不同，面对公共生活，必须在所有社会成员间达成共识性的理解。这就必须对什么是正当、什么是公共善、什么是权力等一系列重要政治概念作出明晰的解释。所有这些都离不开一个逻辑起点，即如何看待人，这成为政治哲学的首要关切。

在古代思想家那里，关于人的认识非常丰富。按照现代人习惯的善恶二分的解释思路，不同思想流派表现出明显的差异性。孟子开启的性善论大抵成为后世思想主流，他认为"人皆有不忍人之心"，"所以谓人皆有不忍人之心者，今人乍见孺子将入于井，皆有怵惕恻隐之心；非所以内交于孺子之父母也，非所以要誉于乡党朋友也，非恶其声而然也。由是观之，无恻隐之心，非人也；无羞恶之心，非人也；无辞让之心，非人也；无是非之心，非人也。恻隐之心，仁之端也；羞恶之心，义之端也；辞让之心，礼之端也；是非之心，智之端也"。（《孟子·公孙丑上》）按照他的说法，善是人之为人的本质属性，也是人类群体生活所以可能的前提。而且孟子眼中的人性还是人类所具有的共同属性，人类应当有着与感官偏好相同的情感旨趣。"口之于味也，有同嗜焉，耳之于声也，有同听焉，目之于色也，有同美焉。至于心，独无所同然乎？心之所以同然者何也？谓理也、义也。"（《孟子·告子上》）也就是说，人类既然有着相似的感官偏好，那么也必然有共同的心理特征和道德品质。实际上，这种理解在西方人那里也被认可，比如西方近代功利主义关于人性假说的一个重要前提是，人有着趋利避害的本性，总会在成本和收益之间作出理性的计算。这其中也蕴含着人类理性趋同的逻辑大前提，问题在于孟子和某些西方思想家们在小前提部分存在根本差异，一面是由不忍人之心变换出的良知，一面是功利计算推演出的理性人，甚至是霍布斯的人性恶观点（如果把霍布斯作简单理解的话）。

另一些如荀子这样的思想家寻求在思辨与现实之间的平衡中探讨人性问题，他所有政治思想的出发点就是性恶论。"今人之性，生而有好利焉，顺是,故争夺生而辞让亡焉;生而有疾恶焉,顺是,故残贼生而忠信亡焉;生而有耳目之欲,有好声色焉,顺是,故淫乱生而礼义文理亡焉。"(《荀子·性恶》)而且荀子特别指出人的本性是与生俱来的,"凡性者,天之就也,不可学、不可事"(《荀子·性恶》)。用今天的话讲,人性之恶具有先验性,这就特别带有形而上学的思考风格。先秦法家学派也认为人是好利的动物,趋利避害是人的共同天性,商鞅讲:"民之生,度而取长,称而取重,权而索利。"(《商君书·算地》)而且这种好利的本性会伴随人的一生,故有"民生则计利,死则虑名"(《商君书·算地》)。由此可见,人的全部行为动因都源于追逐利益。韩非更是赤裸裸地将人与人之间的所有关系都认定为利益计算的关系,包括伦理亲情,他讲:"父母之于子也,产男则相贺,产女则杀之,此俱出父母之怀衽,然男子受贺,女子杀之者,虑其后便,计之长利也。"(《韩非子·六反》)当然,这种过于极端的人性认知并没有得到中国人的普遍认同,显见的事实是,人的社会关系并非只是单纯的利害关系,然而其现实性和对人性审慎的看待对于更全面地理解人性,更立体地看待政治生活有着非常重要的积极意义。

此外,中国古代思想家愿意将人和民作同义语理解,而且不仅限于善恶之辩,还从政治统治角度理解人性和人的本质。他们赋予作为构成王朝体系的两大基础性要素之一的"民"(另一个通常被认为是土地抑或姑且称之为国家)特定的政治意涵。首先,"民"是一种群体性概念,基本等同于"庶民""黎民""万民""百姓"等概念。其次,大多数情形里,民是愚昧无知的代表,"民"与"氓""萌"等概念有相通之处。比如,"夫民之为言冥也,萌之为言盲也,故惟上之所扶,而以之民,无不化也。故曰民萌,民萌哉,直言其意而为之名也"(《新书·大政下》)。又如,"民者,冥也,陀者,僧僧,皆是无知之儿也"(《周礼·地官·遂人疏》)。最后,"民"还等同于"劳力者""野人",是政治等级中的最底层,是统治阶级的统御对象。所谓,"劳心者治人,劳力者治于人","无君子莫治野人,无野人莫养君子"。(《孟子·滕文公上》)总之,在中国古代思想家那里,民并不被看作参与政治生活的主体,与国家一样,民的本质属性不过是君主的私产和附属品。这种认识也构成了中国古代独特的政治生活理念，其中具有代表性意义的便是民为邦本、本固邦宁的民本思维，说到底，它是君为民主的专制统治思维。

思想家们对人（民）的认识构成了中国古代政治哲学的逻辑起点，王朝体制君主权力的合法性表现为德性说和神授说，孟子讲："君仁莫不仁，君义莫不义，君正莫不正，一正君而国定矣。"（《孟子·离娄上》）董仲舒则认为君主是唯一代表人间与神明沟通的天子。故有"王者，天之所予也"，"唯天子受命于天，天下受命于天子"。（《春秋繁露·为人者天》）他们共同认定君主是真理的化身，是天下万民的道德榜样，民众在本质上具有这样或那样的缺陷，进而君主顺理成章地成为民众的统治者。一定程度上讲，正是这种思维惯性成就了中国数千年稳定的君主政治统治格局，由此可见古代思想家对人的认知在整个政治思维塑造中的重要程度。

二、新儒学人性论与公共生活构造

19世纪中叶以来，现代性知识传入中国，随着其广度和深度的不断拓展，传统思想，特别是儒家思想受到前所未有的挑战。1911年后，清政府统治被共和革命终结，儒家政治思想亦成为王朝崩塌的牺牲品。作为精神信仰和政治信仰的儒家知识系统面临严重的合法性危机，特别是新文化运动的旗手们视儒学为攻击对象，借全面批判、否定儒学阐述自己的主张，"全盘西化论""中西调和论"等各种观点不一而足。新儒学正诞生在这样的时代与思想环境中，寻求儒学的现代转型更是他们迫切需要解决的思想问题。

与同时代其他思想家一样，反思旧文化，建设新中国是新儒学思想家的历史使命。梁漱溟作为新儒学的开拓者，明确提出人生和社会问题是其一生的关切对象。在晚年的口述历史中说道："我自十四岁进入中学之后，便有一股向上之心驱使我在两个问题上追求不已：一是人生问题，即人活着为了什么;二是社会问题亦即是中国问题,中国向何处去。这两个问题是相互关联,不能截然分开……对人生问题之追求,使我出入于西洋哲学、印度哲学、中国周秦宋明诸学派间……对社会问题之追求,使我投身于中国社会改造运动,乃至加入过革命组织。"①正是在这样的心理驱动下,新儒学思想家从一开始便关注中国政治现代化变革问题,同时,人或人性问题也进入他们的视野。

熊十力是较早对人性作出探讨的思想家之一,他说:"夫性字之义不一,有以材性言者,(材性即就气质言)如人与动物,灵蠢不齐,则以人之躯体,其神经系发达,足以显发其天性之善与美……此性字,即目本体,与《新论》所言性者同义。材性之性,实非此之所谓性也,子比而同之可乎? 从来言性者,不辨天性('天命之谓性'省言天性)与材性,故成胡乱。朱子注《论语》:'性相近也'章,似欠分晓。荀卿、董仲舒诸儒之言性,都只说得材性。孟子灼然见到天性,故直道一善字。"②按照他的说法,荀子、董仲舒等人的人性论主要来自对人的生理维度的理解,而孟子则从人的生命哲学升华的高度把握人性。由此,熊十力更加赞同孟子的思考方式。"故凡仁义等性德,易显发于否,及食色等欲易循理与否,都须向命上理会。吾人立命工夫,只在率性,以变化气质。"③这种"向命上理会"的思考方式便具有现代哲学意义上的本体论色彩,这大约是新儒学思想家对人性理解的一大突破。

梁漱溟不同于熊十力哲学思辨的风格,他借助心理学知识探讨人性问题。"何谓人性? 此若谓人之所不同于其他动物,却为人人之所同者,即人类的特征是已。人的特征可得而言者甚多,其见于形体(例如双手)或生理机能(例如巴甫洛夫所云第二信号系统)之间者殆非此所重;所重其在心理倾向乎? 所谓心理倾向,例如思维上有彼此同喻的逻辑,感情上于色有同美,于味

① 汪东林:《梁漱溟问答录》,湖北人民出版社,2004年,第31页。
② 熊十力:《新唯识论》,中华书局,1985年,第642页。
③ 熊十力:《十力语要》,中华书局,1996年,第21页。

有同嗜，而心有同然者是已。"①可以看出，梁漱溟尝试运用西方知识解释人性问题，表现出明显的科学倾向，这种解释风格也代表了当时一批新兴知识分子的知识偏好。此外，作为传统思想的坚守者，梁漱溟还尝试以传统的诠释方式解说人性，也认为人性是向善的，他说："然而无谓人性遂如素丝白纸也。素丝白纸太消极，太被动，人性固不如是。倘比配虎性猛、鼠性怯、猪性蠢而言之，我必曰：人性善。或更易其词，而曰：人之性清明，亦无不可。"②又有："人之性善，人之性清明，其前提皆在人心的自觉能动。"③梁漱溟还在解说孔子思想时认为孔子持性善说，"孔子虽然没有明白说出性善，而荀子又有性恶的话，然从孔子所本的形而上学看去其结果必如是。那《易经》上继之者善，成之者性，百姓日用而不知的话，原已明白；如我们前面讲仁的话内，也已将此理叙明"④。可见，尽管梁漱溟尝试援引西方科学知识论证人性问题，但说到底还是一种辅助和补充，其目的仍是要证明儒家思想对人性问题认识的可靠。

　　牟宗三也尝试总结过人性问题。他曾讲："凡言性有两路：一顺气而言，二逆气而言。顺气而言，则性为材质之性，亦曰'气性'，或曰'才性'，乃至'质性'。逆气而言，则在于气之上逆显一'理'。此理与心合一，指点一点心灵世界，而以心灵之理性所代表之真实创造性为性。"⑤牟宗三认为善恶之别在于后天养成。"表示善恶皆后天所成，受环境之制约及风尚之熏习，而可以转成善或恶，善恶皆非其本其性之本然。其好善之善性，非性之本有，其好暴之暴性，亦非性之所本有，惟是熏习而始然。"⑥可见，他一方面承认"人皆可为尧舜"的儒家正统性善观，一方面也质疑这种观点的绝对性，指出后天熏习的

① 梁漱溟：《人心与人生》，学林出版社，1984年，第4页。
② 同上，第11页。
③ 李渊庭整理：《梁漱溟讲孔孟》，中国和平出版社，1993年，第31页。
④ 梁漱溟：《东西方文化及其哲学》，商务印书馆，2005年，第135页。
⑤ 牟宗三：《才性与玄理》，台湾学生书局，1985年，第1页。
⑥ 牟宗三：《心体与性体》，上海古籍出版社，1999年，第164页。

重要性,为其后来辨析道德理性与民主政治关系作出重要铺垫。

从以上几位思想家对人性的解说中至少可以得出两点认识:其一,从诠释方式上说,新儒学思想家试图突破传统的诠释方式,赋予人性以新的论证理据(现代哲学或其他科学知识);其二,从基本态度上讲,思想家们大抵倾向于对性善论的坚守,但也表现出一定程度的质疑,这种转变也为他们认识和改造中国提供了重要的思想前提。

毫无疑问,当中国被裹挟进世界范围内的现代化浪潮中后,重新思考和构建适应社会变革需要的公共生活是所有思想家面临的共同问题。新儒学思想家在重构儒家思想合法性的过程中也绕不开如何勾勒未来中国社会理想图景这一核心话题。他们站在中国文化发展的高度思考国家的出路。正如《为中国文化敬告世界人士宣言——我们对中国学术研究及中国文化与世界前途之共同认识》所讲:"中国文化历史中,缺乏西方近代民主制度之建立。中国过去历史中,除早期之贵族封建政治外,自秦以后即为君主制度。在此君主制度下,政治上最高之权力,是在君而不在民的。由此而使中国政治本身,发生许多不能解决之问题……以致中国之政治历史,遂长显为一治一乱的循环之局。欲突破此循环之唯一道路,则只有系于民主政治制度之建立。"[1]他们不讳言中国缺乏民主政治并且需要民主,"从中国历史文化之重道的主体之树立,即必当发展为政治上之民主制度,乃能使人真树立其道德的主体……今日中国之民主建国,乃中国历史文化发展至今之一大事业,而必当求其成功者,其最深理由,亦即在此"[2]。

其实早在梁漱溟那里,民主政治便已经被看作是未来中国的必然选择,只是他语境中的民主与西方民主政治存在不少差别。梁漱溟认为:"民主是人类社会生活的一种精神,或者倾向。"[3]他将民主政治归结为人类精神层面

---

① 张君劢:《新儒家思想史》,中国人民大学出版社,2006年,第579页。

② 同上,第582页。

③ 《梁漱溟全集》(第6册),山东人民出版社,2005年,第124页。

的事情,也就是说它与人的本性有着天然的关联。由此,他为中国民主政治设计了一整套方案——"建设新礼俗"。归结起来,是要建设一个积极的团体组织,恢复尚贤尚智的风气。他讲:"(中国)如果有团体组织,那末,这个尚贤的风气仍要恢复,事情的处理,一定要听从贤者的话。本来贤者就是智者,如果尊重智者,在团体中受智者的领导是可行得通的;则尊重贤者,在团体中受贤者的领导也是可以行得通的。尚贤尚智根本是一个理,都是因为多数未必就对。"①"团体中的多数分子对团体事情能把力气用进去,能用心思智慧去想就好。因为他用心,他将更能接受高明人的领导。要紧的一点就是要看团体中多数分子是不是能用心思去想,能作有力的参加;如不然,则为机械的、被动的。如能用心思,则虽是听从少数人的领导,而仍为主动、自动。……以上的话如果能通,那末,我们就将要有一个新的政治,新的途径方向出来;这个新的政治,一方面是民治,一方面非法治。"②按照梁漱溟的说法,中国可以建设出一种新的社会组织构造,它符合中国人的精神气质,又能容纳西方政治的长处;崇尚真理,却不违民意;承认贤人政治,又不反民主精神。"这一个团体组织是一个伦理情谊的组织,而以人生向上为前进的目标。整个组织即是一个中国精神的团体组织, 可以说是以中国固有精神为主而吸收西洋人的长处。"③可见,梁漱溟的这种认识与其对人性的解析直接相关,他更愿意相信人性向善,具有尚贤和积极面对生活的偏好。未来中国的公共生活也应该根据中国人的人性特征建设起来。

牟宗三认为民主政治源于人在政治生活方面的自觉意识, 即人会主动地追求一种良善的政治生活, 人类社会从专制走向民主正是朝向生活之善的转变,这也与他对人性的认识相关。在他看来,人具备运用道德理性的能力,而对于政治生活来说,运用道德理性只能看到民主政治的善,而其中具

---

① 《梁漱溟全集》(第2册),山东人民出版社,2005年,第290页。

② 同上,第292页。

③ 同上,第308页。

体的政治原理,如权力如何安排、权利与义务如何界定等都属于政治知识问题。"惟此政体既是属于客观实践方面的一个架子,自不是道德理性之作用表现所尽能。内在于此政体本身上说,它是理性之架构表现,而此理性也顿时失去其人格中的德性之意义,即具体地说是实践理性之意义,而转为非道德意义的观解理性。观解理性之架构表现与此政体直接相对应。但此政体本身之全部却为道德理性所要求,或者说,此政体之一出现就是一个最高的或最大的道德理性之实现。此即表示欲实现此价值,道德理性不能不自其作用表现之形态中自我坎陷,让开一步,而转为观解理性之架构表现。"①简单地讲,民主政治是道德理性的价值追求,而民主政治的内容则需要运用观解理性去认识。按照他的逻辑,民主政治不是具体操作层面的问题,而是认知发生的问题,如果解决了它,中国走向民主政治便不会有障碍,这种认识也毫无疑问地与其人性论中习性可以养成的论调相呼应。

现代新儒学的民主思想致力于移植和改造西方民主学说,最大的收获是认识到运用民主机制限制专断权力的必要性。然而他们认为民主政治应当以追求实现德性生活为最终目的,而且是一种团体的美德。事实上,民主理论是一种关于个人权利的政治哲学,它虽然承认一个政治共同体应当拥有良好的德性生活,但是,任何有损个人权利的政治行为本质上都损害了团体的美德。失去个人权利,团体美德便是无源之水、无本之木。此外,尊重个人权利的一个重要表现即是承认人的两面性,经济人假设并不是否定人性善良的一面,而是以此作为制度设计的逻辑前提,用民主规则约束人的政治行为能够更为可靠地保障个人权利。然而在新儒学思想家那里,民主生活只是实现团体美德的手段,并不是最高的政治理想。他们之所以赞成民主,是因为权力专断妨害了美德的实现,所以要用民主机制约束权力扩散,以此保障个人道德理性的充分发挥,民主被赋予强烈的儒家道德意义,而与它的本

---

① 《牟宗三先生全集》(第10册),台湾联经出版公司,2003年,第65页。

质渐行渐远。

新儒学思想对民主的误读源于他们对团体与个人关系在理解上与西方民主理论存在偏差。霍布斯、洛克、卢梭等人将团体看作是由缔结契约、在讨价还价过程中形成的。在团体里，人与人之间明确权利义务关系，进而确定各种利益的归属，它有利于减少交易成本和实现资源优化配置，其本质是人们结成的"利益共同体"。人们结成政治团体并非出于道德需要而是一种利益驱动。但是新儒家思想却恰恰相反，追求个体的道德完善是结成政治共同体的首要理由。按照这样的思路，"道德共同体"必然以追求团体美德为根本，共同体中的民主机制当然也应为此服务。当然，这并不是说梁漱溟等人否定个人，只是说团体美德优先于个人，这与近代西方思想家们的理解大相径庭。

需要澄清的是，笔者无意在新儒学思想家与西方思想家之间作出某种评价，更不是以西方民主理论作为标杆否定新儒学的民主理论，而只是提出一个不容忽视的问题：为什么新儒学民主理论源于近代西方民主学说却又背离它的初衷？一个可能的解释是：新儒学思想混淆了道德与政治的界限。当代美国政治哲学家约翰·罗尔斯认为，在一个自由的政治社会里，很难想象任何一种哲学学说、宗教学说或道德学说能够让所有人都接受，无论该学说是如何的完备（某种意义上讲，越完备的学说越不容易被接受）。因此，罗尔斯在《政治自由主义》书中放弃了构建道德完备性学说的努力，将"政治"与"道德"作了明确区分。虽然"正义"这个"公共善品"具有道德属性，但他放弃了直接说服人们去接受它，而是尝试在政治生活领域中建立起人们之间的重叠共识，简单来讲，人们认可一种正义的（罗尔斯式的）政治生活不仅出于道德感或正义感，更是要出于自由的政治选择。一旦选择被确定下来，那么人们在私人领域依旧是享受充分的自由，而在公共领域则必须按照正义的原则行事。也就是说，选择道德生活（正义）出于政治自由，二者是相互独立的。民主制度应该保护人们的政治选择，即便它有时可能会背离某种道德观。当然如果有某种力量能够引导人趋向道德生活是非常可贵的,但那一定不是民主的首要任务。

儒家政治思想传统决定了道德与政治天然地凝结在一起,道德理性、德性生活、团体美德等新儒学政治话语无不彰显它的道德属性。关键的问题在于,人类结成团体的动机真是出于道德需求吗?即便姑且把道德需求作为人的第一需要,那也不能成为强制人们追求德性生活的理由。民主政治要实现政治自由,也就是自由地选择公共生活,它并不反道德,而是与道德无关。而且在今天,没有人会否认实现个人自由是最高尚的德性,团体也应当以追求自由为最高美德。追求自由,从某种意义上讲也就是将政治生活与哲学学说、宗教信仰、道德说教统统剥离开,让人们自主地选择他们认为恰当的哲学、信仰和道德。新儒学思想最大的问题在于把"合理"认作是"真理"。(当然,如果把这个问题扩大,那么包括自由主义在内的所有学说都有这个问题,它是现代性哲学话语的"通病"。)我们要思考的是,长期以来,儒家政治思想从来都被看作一种真理性知识。即便如此,在封建时代,也有不少卓越的思想家挑战它的权威。何况,今天的人们更关心什么样的生活更加合理。不可否认,新儒学思想家们倡导的德性生活具有某种合理性,但它绝非唯一真理,而且它依靠人们在民主背景下的政治选择,而非道德选择。

三、新儒学人性论诠释方法创新

从新儒学思想家对于人性和公共生活的解析中可以观察到他们对现代公共生活的理解方面存在不少误会,但同时也不能否认他们在推动儒学转型中不断创新诠释方法的开放态度。梁漱溟等人试图使儒学一方面符合现代性话语系统的需要,另一方面又能尽可能地构建自身新的合法性基础。具体来说,至少有以下两个方面创新:

其一,运用西方话语知识言说中国传统哲学概念。这一点在梁漱溟和牟宗三那里表现得尤为明显。比如，梁漱溟在区分东西方文化时首先声明中国传统社会中团体价值优先于个体，个人价值体现在家族生活里，而并不具备独立性。而在论述民主政治时，梁漱溟认为民主意味着"承认旁人、平等、讲理、尊重更多数、尊重个人自由"①。同时，他承认中国人具有这样的品质，"中国文化自古富于民主精神，但政治上则不足"②。在此，他显然摒弃了传统思维，直接将个人理解为独立的个体。牟宗三更是直接援引康德哲学解析传统哲学概念，在道德的形而上学这个广义的人性论问题上，他将康德的自由意志观念理解为人性论的基础。"若以儒家义理衡之，康德的境界，是类乎尊性卑心而贱情者。（注意：康德并未把他所讲的自由自主自律而绝对善的意志连同它的道德法则无上命令视为人之性。但儒家却可以这样看。）"③通过这种对比，他指出儒家和康德都具有自由意志的精神，前者表现为人性的本源，而后者将其理解为先验的哲学概念。当然，牟宗三的这种比附具有多高程度的合理性仍有待辨析，但至少我们可以从他的解释风格里观察到思想家们急切希望将中国传统哲学与西方现代哲学相沟通。

其二，传统"比类逻辑"的消解。中国传统文化的内在逻辑可以概括为"比类逻辑"，它不具备严密抽象的逻辑认识，只是表现出直观、形象的特征。这种逻辑思维常常先建立起一个参照点，只要它具有足够的合理性，那么任何事情都可以与之相比附。比如，"人之向善犹如水之就下"。绝大多数情况下，水向下流的现象无可置疑，所以因为水总是向下流，所以人性必然向善。这种直观具象的类推实际上并没有逻辑上的关联，但却是中国人习以为常的思维。比类逻辑还有循环论证的特点，如《大学》里讲："古之欲明明德于天下者，先治其国，欲治其国者，先齐其家，欲齐其家者，先修其身，身修而后家齐，家齐而后国治，国治而后天下平。"在循环往复各个环节之间并没有具体

---

① 《梁漱溟全集》(第6册)，山东人民出版社，2005年，第125页。

② 同上，第128页。

③ 牟宗三：《心体与性体》，上海古籍出版社，1999年，第110页。

分析其因果关联,却也得到中国人的认同。概括地讲,中国传统逻辑思维表现出的特点使得中国哲学本身在方法论意义上表现得非常孱弱,甚至不少人通过质疑中国哲学方法论问题否定其合法性。对此,新儒学思想家在诠释哲学和政治问题时尤其重视逻辑推理问题,使自己的学说更加周延、完整。例如,冯友兰尝试用逻辑的方法解释人性究竟是天然的还是后天习得时展现出较为严密的逻辑性:首先,他认为人皆有人性,这是人之为人的根本。其次,人性是区分人与其他动物的根本标准:"因为不是所有底物,皆能学来人之性。"①再次,人既然先天具有能依照人之理的气质,那么必然生而能依照人之理,具有人之性,否则该气质便不能称为能依照人之理的气质。最后,得出人性是与生俱来的结论。他的推理论证方式与古代简单的比附或"取譬"有明显的区别,用今天的视角来看,显然前者更具说服力。这样的例子在新儒学思想家那里不胜枚举,故不必赘述。

可见,儒学现代转型历程不仅是概念更新的过程,更涉及思维转换、诠释方法创新等问题,从中我们也可以看到中西思想交汇图景下解释策略变化的可能性,它表明中国从传统走向现代是大势所趋,思想家们谋求儒学思想现代变革的强烈愿望和最初努力很好地证明了中国传统思想必须主动求变才可能继续保持其思想活力。当然,新儒学思想家谋求话语转换时具有一定的限度,它不能脱离保持儒学主体性地位这一根本原则,恰如冯友兰所言:"阐旧邦以辅新命,极高明而道中庸。"实现传统与现代、中国与西方知识话语之间的恰当沟通最终是要探索并塑造符合中国社会发展现实的思想观念。这就涉及思想移植与本土化问题,梁漱溟等一批新儒学思想家对此做出了不容忽视的贡献,尽管在理论上出现不小的偏差,但也正因为如此,中国传统思想合法性基础和未来发展图景仍是一个值得继续探讨的开放性理论话题,更离不开思想者的不断反省与思索。

---

① 冯友兰:《三松堂全集》(第4册),河南人民出版社,2001年,第101页。

第二章

中国传统政治思想的治国策略

第一节
传统政治思想中的治道与治术

　　在中国传统政治哲学知识谱系中,道术是个极为庞杂且重要的概念。儒家、道家、法家等各种形塑古代政治生活图景的思想流派都将其纳入各自的思想范畴并赋予其独特的理论解说。千百年来,自皇帝以至庶民,对于什么是合理的政治生活,如何营造和维系这样的政治生活等根本性问题也离不开对于道术的理解。我们有理由相信,对于道术的种种认知显而易见地渗入到传统政治思维方式构建之中,进而影响了古代政治生活质量。治道与治术作为中国古代治国理念中非常重要的思想范畴,它一定程度上造就了传统政治哲学及古代政治生活的基本面貌,因此认真厘清其内涵、把握其特点并对其作出合理评估不仅能够深化对传统政治哲学的认识,更是对当代国人现代政治思维塑造有所裨益。

一、"道术将为天下裂":一场政治思想的进化

　　作为一个思想范畴,早在先秦时代,道即被人们普遍接受并有诸多意涵。道,在其原始意义上说即是道路。如:"二十八年春,晋侯将伐魏,假道于卫。"(《左传·僖公二十八年》)而更多的则是其引申义。从社会规则方面讲,道首先意味着必然性。如:"君人执信,臣人执共。忠、信、笃、敬,上下同之,天之道也"(《左传·襄公二十二年》),"礼以顺天,天之道也"(《左传·文公十五年》)。此

处所谓"天之道"即当时人们认同的自然规律或必然法则。其次,在必然性的基础上,道还被提升为表示符合道义或正当、合理。如:"笃信好学,守死善道,危邦不入,乱邦不居。天下有道则见,无道则隐。"(《论语·泰伯》)在孔子看来,道即是道义。再次,道有时也被理解为习惯、传统或常识。如:"伐鼓于朝,以昭事神、训民、事君,示有等威,古之道也。"(《左传·文公十五年》)"古之道"即长期以来形成的传统、习俗。又如:"所谓道,忠于民而信于神也。"(《左传·桓公六年》)此处"忠于民而信于神"即古人的一种常识或共识。又次,针对个体行为,道表征着人的德行。如:"夏徵舒为不道,弑其君,寡人以诸侯讨而戮之"(《左传·宣公十一年》),"凡弑君、称君,君无道也;称臣,臣之罪也"(《左传·宣公四年》)。此处"不道""无道"即是指缺乏道德。最后,道还有方式、方法的意思,与我们通常理解的术的概念是相通的。如:"闰以正时,时以作事,事以厚生,生民之道于是乎在矣。"(《左传·文公六年》)"生民之道"便可理解为方法。事实上,在方式、方法的意义上说,道一般指的是正确的或者说是合理的方法。如,"推亡,固存,国之道也。"(《左传·襄公十四年》)

在先秦时期的思想家那里,"道术"一般来说被看作一个概念,是古人对自身全部知识系统的高度概括,即后世意义上的道与术的综合体。从政治学角度讲,道与术的分野大抵以"三代之治"(理想的政治生活)加以区别,符合"三代之治"的政治即治国之道,而现实政治则属于治国之术。此外,春秋战国之前的道与术还体现着总体与部分之间的关系。"全者谓之'道术',分者谓之'方术',故'道术'无乎不在。"[1]这种区分源于当时的思想裂变,庄子对此有过那段著名的分析:"天下之治方术者多矣,皆以其有为不可知矣。古之所谓道术者,果恶乎在?……天下大乱,贤圣不明,道德不一,天下多得一察焉以自好。譬如耳目鼻口,皆有所明,不能相通。犹百家众技也,皆有所长,时有所用。虽然,不该不遍,一曲之士也。判天地之美,析万物之理,察古人之

---

① 钟泰:《庄子发微》,上海古籍出版社,2002年,第756页。

全,寡能备于天地之美,称神明之容是故内圣外王之道,暗而不明,郁而不发,天下之人各为其所欲焉以自为方。悲夫,百家往而不反,必不合矣! 后世之学者,不幸不见天地之纯,古人之大体,道术将为天下裂。"(《庄子·天下》)在此,庄子将当时的知识谱系概括为道术与方术,并认为"古之大体"的那种道术被现实社会的知识裂变打碎。上古时期的道与术是道中育术、术中见道的关系,而现实社会道与术的分野已经非常明显。各个学派的思想家都是"一曲之士"而并非能够把握知识全貌的"道术者",诸子百家之学都只是作为方法义的方术,剥离了道的种种方术成为当时知识谱系的主流。庄子的敏锐观察不仅给予当时思想图景以较为贴切的描述,同时也开辟了后世对于中国古代知识谱系新的认知方式。

从政治思想的发展过程来看,春秋以前学在官府的教育格局决定了道术不分,整个国家的全部治国理念与其他所有知识都被混沌地涵盖在道术之中。传授知识的人就是一些政绩卓越的官员,教学内容即他们从前任官员那里继承的治国方法。"凡官总有任务交接,接任者应该接受前任者处理所担任事务的整套做法,加上自己多年履行时所得的经验,通过口耳相传,告诉后继者,做到不遗不漏。"[①]传授的道术既包括了治国理念,又涵盖了治国策略。春秋以降,随着政治社会生活发生剧变,国家垄断教育被打破,包括政治思想在内的知识谱系取向多元化、专门化是学在官府的知识传承格局瓦解后的必然结果。礼乐征伐不仅不自天子出,甚至不见得完全出自诸侯,新兴的政治思想可能源于民间。古老的道术已然无法解决社会变迁带来的新问题,虽然庄子对他眼中各种方术的产生持否定态度,但政治思想领域的百家争鸣是应对纷繁复杂的时代问题的唯一出路,也是思想发展的合理逻辑,不仅不是倒退,反而是中国古代思想一次重要的飞跃。

道术为天下裂带来的结果是自春秋之后,政治思想领域中明显地出现

---

① 沈文倬:《略论宗周王官之学》,载《学术集林》,远东出版社,1997年,第122页。

了作为追求理想政治生活的治国之道，与满足现实政治运行需要的治国之术的区分。儒、法、道、墨等各个思想流派都有意识地对各自理想的政治生活加以描述和论证，并对如何实现这样的政治生活给出具体思路、手段或策略。在这个意义上说，庄子将诸子百家的思想全部纳入方术的范畴并不确切。政治思想发展到更为精细化的阶段并不意味着时人丢弃了对政治生活最根本的追问和探索。他只不过发现了思想变化的现象，并没能准确理解变化背后的逻辑，即便是道家本身，也是这场思想裂变的结果。"道术将为天下裂"不应成为一种忧虑，其带来的变化深刻影响着中国古代政治思想发展。

二、离合之间：治道、治术与古代政治生活

道术分离的格局推动了中国古代政治思想的进步，诸子百家彼此争锋，从不同侧面深化了古人对政治生活的思索。两汉之后，以儒学为根基，兼及百家的治理模式逐渐明晰并长期维系了中国古代王朝体制。历代政治精英和思想精英们总是在治国之道与治国之术间搭建各自的统治策略和思想学说。从这个意义上说，什么是良好的政治生活以及如何实现那样的生活亦成为他们永恒的思想话题。天命、民本、德治、法、术、势等诸多政治概念构成了不可或缺的思想元素，形塑了中国古代政治生活。

所谓治道，应是政治共同体存续与发展的根本性政治理念，是对该共同体理想政治生活的描述。因为作为一种理性的类存在，人类需要为自身的社会生活寻找一个精神基础，并将其作为整个社会共同体的共识性认识加以推崇，最终达成该共同体的有序运行。中国古人相信，天是至高无上的主宰，天命不仅是宇宙存在的基本规律，也是人类社会必须遵循的法则。简单说来，遵从天命即是理想的政治生活。天命论隐喻了无论是自然还是社会都可以被我们认识和把握。再者，谁掌握了对天命的解释权，就自然取得了统治上的合法性，天命论成为古代最有力的理论武器。荀子言："天行有常，不为

尧存,不为桀亡。"(《荀子·天论》)那么如何把握和解释天命就是思想家们的一项重要工作。

天命较早见于《尚书》和《诗经》等典籍。如:"有夏多罪,天命殛之"(《尚书·汤誓》),"先王有服,恪谨天命……今不承于古,罔知天之断命"(《尚书·盘庚上》)。又有:"维天之命,於穆不已"(《诗经·周颂·维天之命》),"天命不彻,我不敢效我友自逸"(《诗经·小雅·十月之交》)等。从这些表述不难看出,商周时期的人们已经将天命视为最高法则。"命,使也,从口,从令"(《说文解字》),天命即上天的指令,具有最高的权威。因此,这一时期的文献中常常记载统治者们时刻保持对天命的敬畏,警惕自身统治丧失根据。如:"侯服于周,天命靡常。"(《诗经·大雅·文王》)天命的概念发展到春秋之后常常与另一个概念相通,即天道。如:"鲁侯曰:'寡人惧不免于晋,今君曰将有乱,敢问天道乎,抑人故也?"(《国语·周语下》)"先王之令有之曰:'天道赏善而罚淫,故凡我造国,无从非彝,无即慆淫,各守尔典,以承天休。'"(《国语·周语下》)又如:"叔孙氏惧祸之滥,而自同于季氏,天之道也"(《左传·昭公二十七年》),"礼以顺天,天之道也"(《左传·文公十五年》)。从这些例子可以看出,时人已经认识到天道的意义,并赋予其政治统治维度上的道德价值。天道意味着符合道义要求的规律或法则。

天命或天道被视为政治统治的合法性判准,进而就是如何把握它。这就涉及另外两个问题:其一,天命的授受;其二,依人事观天命。概括说也就是天人之间的关系问题。商周时期天人观的核心即是天命授受。如:"故我至于今,克受殷之命"(《尚书·酒诰》),"昊天有成命,二后受之"(《诗经·周颂·昊天有成命》),"文王受命,有此武功"(《诗经·大雅·文王有声》),"昔天以越予吴,而吴不受命;今天以吴予越,越可以无听天之命,而听君之令乎?"(《左传·成公二年》)这些都记载了古人对天人之间授受关系的理解。知天命、敬天命、顺天命、受天命是古代统治者在很早就非常明确地认识到的,在此基础上,从天命论进一步发展出天人感应思想,即天与人相对应或背离等观念。

如:"死生因天地之刑,天因人,圣人因天……夫人事必将以天地相参,然后乃可以成功。"(《国语·周语下》)"天道远,人道迩,非所及也。"(《左传·昭公十八年》)可见,天命授受源于天人之间能够达成互动,也为人能够在社会生活过程中把握天命提供了依据。

天命可知、可受,并通过人事可以把握是中国古代政治思想早期发展的最重要的思想成果之一。它揭开殷商以来政治生活神秘性、宗教性的面纱,政治生活神学化色彩逐渐淡去,突出了人的理性认知能力,使得无论是统治者还是思想家都能通过个体理性去评估现实政治生活质量的优劣。在这样的思维路向上,诞生于儒家学说的民本思想自然而然地逐渐成为政治思想主流并有其合乎逻辑的发展依据。中国古代从崇拜天地神明到重视民众并没有经历过西方那样的长期过程。"天视自我民视,天听自我民听。"(《尚书·泰誓中》)"民人所欲,天必从之。"(《左传·襄公三十一年》)这样的意识产生得较早。甚至有人发现统治过程中寻求民的意见和支持远比诉诸神明更可靠。"国将兴,听于民;将亡,听于神。神,聪明正直而壹者也,依人而行。"(《左传·庄公三十二年》)正视民众的力量和民心向背是历代统治者必须关切的首要问题,乃至于将民众看作立国之基,故有:"民可近,不可下,民惟邦本,本固邦宁。"(《尚书·五子之歌》)又有:"士农工商四民者,国之石也。"(《管子·小匡》)还有:"国主之有民者,犹城之有基,木之有根。根深则本固,基美则上宁。"(《淮南子·泰族》)此外,民本思想还体现在君民关系方面。自孟子"民贵君轻"思想以来,历代统治者至少在道义上肯定了民众之于自身乃至整个王朝的价值。及至明清之际,黄宗羲讲,君主受命于天,其存在的目的在于教民、养民,乃至兴公利而除公害;顾炎武提出,为民而立之君;王夫之也提出"公天下"的王朝观,诸此种种将民本思想推向极致,成就了民本思想其作为古代治道的核心地位。

从天命论到民本思想,中国古代治道为世人展示出一幅和谐有序的王朝政治生活图景。用《礼记》那段千古传诵的话讲:"大道之行也,天下为公,选贤与能，讲信修睦。故人不独亲其亲，不独子其子，使老有所终，壮有所用，幼有所长，鳏、寡、孤、独、废疾者皆有所养，男有分，女有归。货恶其弃于地也，不必藏于己；力恶其不出于身也，不必为己。是故谋闭而不兴，盗窃乱贼而不作，故外户而不闭，是谓大同。"(《礼记·礼运》)简言之，在古人心里，治道的终极意义乃是实现天下为公的大同社会。从天命论到民本思想展示了中国古代治道的人本化历程。理想的政治生活从诉诸神明到依托民众，天与人归的思考进路也决定了实际政治生活中的各种治国之术必须围绕着人来展开。儒家的德治、礼治，法家的法治、术治、势治甚至道家的无为都是针对王朝政治生活中的每一个或每一类人来下功夫。人治与治人高度结合的统治方式是为古代治术的本质特征。

古代政治思想中，治术的核心莫过于儒家倡导的德治。儒学思想家们有两个前提假定：一是人只要通过适当教育都能够具备道德意识；二是社会成员大约都共同追求一种道德的公共生活。在此认识下，儒学思想家们相信"人皆可为尧舜"，治国策略强调"为政以德"。孟子将孔子德治思想发展为施仁政、行王道的治国方略被后世统治者普遍接受。这种治国思路的重心在于培养君主、臣下乃至于民众的道德意识。儒家为所有人设定了一种理想人格，即君子人格，而且提出了一整套内圣外王之学。上至天子，下至百姓都能从中找到自身的努力路向。培育德行，追求成就君子人格不仅是帝王的政治责任，也是使士人群体成为王朝政治运作中坚力量的能力要求，更是底层百姓得以步入上层社会的必由之路。①因此，实行德治有效地满足了社会秩序与结构的稳定。明君、贤臣、顺民都离不开以德治国。

回顾中国古代治国历程，以德治国固然是治术的根基。但事实上，没有任何一个王朝仅仅依靠德治一个手段，法家的法、术、势，道家的无为都是对

---

① 事实上，作为一种理想人格，成为君子只是一种道德追求和期待，由于君子人格具备道德和政治双重属性，对于整个王朝治理起到了重要作用。关于此问题，参见拙文：《政治哲学语境中的君子人格及其当代反省》，《道德与文明》，2015 年第 3 期。

德治的有益补充。①按照法家学派思想家们的理解，其出发点是一切政治活动围绕君主行使权力的有效性展开，并最终实现国家富强，落实君主的有效专制统治。他们更愿意相信权力和规则的力量，对于人性持有审慎的观察，如："民生则计利，死则虑名。""名利之所凑，则民道之。"（《商君书·算地》）"臣尽死力与君市，君重爵禄以与臣市。君臣之间，非父子之亲也，计数之所出也。"（《韩非子·难一》）这样一来，君主治理群下便有了明确的标的。君主位于政治等级的顶端握住权力，俯瞰臣下、百姓，以利益为导向，运用权谋、规则等各种手段施加于人，通过对人的治理实现王朝的稳定运作。以法治国作为一种治术，在法家看来是君主专制的重要工具，"法者，编著之图籍，设之于官府，而布之于百姓者也"（《韩非子·难三》）。通过颁布法律让被统治者对自身行为具有稳定的预期，是为法胜人。如果说法是统治全体成员的工具，那么权术则被君主视为控制各级官吏的有效手段。"术者，因任而授官，循名而责实，操生杀之柄，课群臣之能者也，此人主之所执也。"（《韩非子·定法》）除了法与术，法家还提出势的概念，也就是权力与地位的统称，"势者，胜众之资也"（《韩非子·八经》）。它是君主施法治、用权术的前提。总之，法家提出的法治、术治、势治的统治策略是古代治国之术的重要组成部分，虽然是对儒家德治的一种反驳，但在长期政治实践中得到统治者的普遍运用，有效地维系了王朝政治运行。此外，道家学派也提出另一番独特的治国之术，即无为而治。在他们看来，在出现所谓"圣人"创造仁义道德之前，人是善良的，社会成员间也能够和睦共存，"端正而不知以为义，相爱而不知以为仁，实而不知以为忠，蠢动而相使不以为赐"（《庄子·天地》）。正是仁义道德打破了这种纯朴的社会生活。国家治理中，君主最好不要有意去作为，"圣人处无为之事，行不言之教"（《老子·二章》）。"其政闷闷，其民淳淳；其政察察，其民

① 法家和道家都有其各自对于理想政治生活的描述和判断。但笔者认为，王朝体制下的中国对于治国之道，即优良社会的理解还是延续了儒家的思想传统，因此前二者的治道不在本书讨论之列，但其具体治国方式无疑被广泛应用在王朝治理过程之中。

缺缺。"(《老子·五十八章》)因此,高明的治术就是无为,最终达到无不为的治国状态。实际上,道家学派主张的"淳淳之民"就是无知之民,通过扼杀民智增强其对专制统治的服从,也是一种比较高明的统治术。

综上可见,中国古代知识思想谱系中蕴含着丰富的政治哲学思考,既有对理想政治生活的理性探索,更有数千年来日趋成熟的王朝治国方略。民本思想连接了作为治道的天命论与作为治术的德治、法治等治国策略。可以这样讲,道术离合游弋于民本之中,如果说春秋战国时期政治思想谱系进化造成了道、术分离。那么缘起于儒家学说的民本思想恰恰又将两者统摄起来。王朝体制正是在道、术离合之间将权力施加于社会全体成员,造就了两千余年君主专制的权力模式。

三、治道、治术的现代反省

道术离合影响了包括政治思想在内的古代思维方式的发展变化。治道与治术带着浓重的人文精神,较早地开启人的理性,却又使政治统治最终导向君主专制主义,甚至或多或少地影响着当代政治生活,这种独特的政治思想现象非常值得认真反省。

首先,人文精神并不能够直接地、必然地推导出现代意义上的个体自由和独立意识。治道与治术虽然有意识地将政治生活纳入王朝与民众、君王与臣民以及民众之间的关系进行考量,政治生活世俗化的路向表现十分明显,但并没有能够完成对权力本身的祛魅化工作。神明崇拜只不过被权力崇拜所代替,后者不仅是政治权力,还包括道德或宗教教条施加于人的控制,由此反而强化了皇权意识。君主专制格局下,崇拜权力的外在表征即是对君权的绝对服从,与其说君主是神明的代言者,毋宁说是权力的持有者。无论是神明也好,君主也罢,唯一值得敬畏的不过是权力而已。故此方有"王侯将相,宁有种乎?""皇帝轮流做,今天到我家"这样的口号。政治家和思想家们提出的各种治道与治术无不围绕如何攫取和持有权力展开逻辑，他们透过理性思索直指权力本身。同时，它也隐喻了人们对权力的依赖，独立性无可避免地消解在各种权力的规制之中，依于权力资源分配的人身依附关系形塑了中国古代身份等级结构，个体自由更是无从谈起。因此，中国古代的人文主义精神指引下的治道与治术不仅无法推导出人的独立、自由意识，反而成了权力崇拜思维的助力，将专制主义推向极致。

其次，人文主义精神虽然是对人的关照，但治道与治术所展示出的关于人的认识恰恰存在巨大偏见。在思想家们看来，只能通过社会等级结构关系去认识和把握人，即人在道德意义上被分为不同等级，人格平等之类的思维完全不在中国古代思想家的思考范畴之列。治道与治术对自天子以降庶民都有其相应的规定。但显见的事实是，它们施加于各等级中人的作用和效果完全不同。对于君主来说，除了历代祖训留下来的某些规矩对其进行约束之外，当他犯错时，大约也只能寄希望于"天谴"，通过制度设计限制其权力的效果是极为有限的。而对于臣下和底层百姓来说，各类政治的、法律的、伦理的甚至宗教性的规训则非常完备。一个重要的原因在于，古代政治思维里，人们假定君主之所以能够成为君主，是因为其道德和智力水平处于整个社会最顶端，官僚士人其次，而普通民众最下，虽然事实绝非如此。对人的等级贵贱的认识建立在应然性基础上。"刑不上大夫，礼不下庶人"深刻揭示了各等级中社会成员的权利与义务：士大夫可以不必承担受刑的义务，庶人可以不必承担学礼的责任。可见，治道和治术愈发达，其对人的等级固化作用便愈明显。

最后，治道与治术在维护君主专制的同时限定了人文精神的延伸。我们必须清楚地意识到，任何一种思想主张都受思想家智力水平限制，人文精神的延伸也无法跳出思想家的思考边界。他们提出的各种治道与治术都是君主专制主义权力框架内的思想产物。古代人文精神在长期的王朝延续过程中没有得到继续延伸的契机。但不可否认的是，治道与治术毫无疑问地将关注人事视为根本立足点。在这个意义上说，虽然治道与治术所形塑和维护的君主专制主义自始至终彰显着一种中国式的人文精神，只是站在今人的视角来看，我们却无法给予这样的人文精神以更高的评价。

第二节
传统儒家思想的政治功能

儒家思想作为中国传统政治生活的主导价值系统，它在很长一段时期里维系着王朝体制的运作，推动其变革与发展。自 19 世纪中叶"西学东渐"以来，中国社会全面启动现代化进程，在政治生活领域，民主政治学说被纳入中国人的思索范畴，并渐渐为我们所接受。与之相对的是，传统政治思想成为王朝体制覆灭的祭品，首当其冲的便是儒家思想。然而任何一个政治共同体无论怎样变化，都离不开政治传统的影响，包括中国在内的所有现代国家其政治生活的构建都根植于自己的历史文化传统之中，政治传统当然是其非常重要的组成部分。从这个意义上讲，我们有必要深入探索以儒家思想为主体的传统政治曾经如何展现其政治功能，对当代中国价值所在，它究竟在哪些方面、何种程度依旧影响着我们的政治生活，以及应该用什么样的心态去理解传统政治思想的文化意义。

一、儒家思想与中国古代政治生活

人类社会生活状况总是在一定的文化框架内运行的，其中政治生活质量的高低取决于有什么样的制度安排，而制度安排往往又在很大程度上受当时人对政治生活的认识水平和理解程度影响。儒家思想作为一种哲学、道德及政治学说，随着中国王朝体制的长期演变不断丰富，成为一种完备性的学说，并深刻影响着中国古代政治生活质量，就其展现出的功能讲，主要有三个方面：

第一，儒家思想具有输出政治价值观念的功能。中国古代政治生活表现出明显的群体本位特征，而儒家思想有效地对其正当性作出论证。长期以来，不少人认为儒家思想造就了中国古代社会政治生活方式，这显然是有违历史事实的主观臆断。事实上，对古代中国人选择生存和合作方式起到决定性意义的在于其自然农业经济生产方式和生产能力。一个鲜见的事实是，大部分时间里，中国人口中绝大多数都是自耕农，这种自耕农经济天然地以家族为核心组织起来，在政治生活领域展现出群体本位的特点。

由此，我们只能说儒家思想在适应了中国古代政治需要后，从思想层面巩固强化了诸如群体本位等政治生活表现。正如近代新儒学思想家梁漱溟说的那样，中国是一个"伦理本位，职业分途"的社会。以家族为核心所结成的乡村社会成为古代中国民众政治生活的核心空间，而阶级对抗则由于职业分途而表现得极为模糊。可以讲，政治生活中群体本位、伦理优先是儒家政治思想关注的焦点，思想家们尤其注重通过伦理原则论证群体本位的正当性问题。他们倡导的"君君、臣臣、父父、子子"（《论语·颜渊》）被统治者接受，成为重要的政治信条。各种身份、角色、地位的社会成员只要按照各自的道德义务行事，便会形成良好的社会秩序，这样的政治秩序格局被看作是合理的。个人作为群体的一分子，其价值只有在群体中才能够实现，孝、悌、忠、信等个人美德也只能在群体中方能得到彰显。总之，儒家思想在满足古代社会存续发展需要的基础上向政治生活领域输出了极为完备的政治价值观念系统，在长期的历史过程中塑造并完善了中国王朝体制的政治统治格局。

第二，儒家思想具有诠释政治生活的功能，为君主政体作出有效的合法性论证。君主政体是中国古代长期政治生活的选择，早在夏商时期即已确立，它并非由儒家思想所造就。然而人类作为理性的存在者，我们的任何选择都需要充足的理由并作出合理的解释。君主政体得以存续数千年，当然也需要不断地对其正当性作出诠释。儒学思想家们不仅要说明君主政治的合理性，而且要将其传播到整个社会，并得到绝大多数社会成员的共鸣。先秦时期荀子在事实与逻辑之间作出自己的解释，他提出人性恶的假说并认为人恶的本性会引起社会贫困和动乱，"欲恶同物，欲多而物寡，寡则争矣"，"争则乱，乱则穷矣"。(《荀子·富国》)在给出悲观的论断之后，荀子又讲人不能独立存在，必须结成群体，而要结成群体则需要"化性起伪"，通过改造自己的本性实现与他人合作，这个"化性起伪"的工作需要由大禹那样掌握"仁义法正"的君主承担，同时君主还要承担起维持社会秩序的责任。概括地讲，个人品行需要君主培育，社会生活需要君主规制，这就是君主存在的两个理由。

及至两汉时期，董仲舒和他的追随者们结合阴阳五行等学说，提出"天人合一"的观点，"君权神授"的权力合法性论证思路在此时得以确立。"古之造文者，三画而连其中，谓之王。三画者，天、地与人也……取天、地于人之中以为贯而参通之，非王者孰能当是。"(《春秋繁露·王道通三》)在他看来，君王是沟通天地之人，普通民众不能直接参与同天的对话。进而，"王者，天之所予也"，"唯天子受命于天，天下受命于天子"。(《春秋繁露·为人者天》)在这种论证思路中，君主权力来自于神秘的上天，其合法性地位毋庸置疑。各种思想家在对君主权力合法性论证方面可能采取不同的假说前提、论证思路、阐述风格，但归根到底有一个共识性的认知，即人们需要通过服从君主而开展社会生活。古代思想家们在诠释政治生活过程中为人们提供了接受特定政治生活方式的理由，同时也为统治者们提供了维系既定政治统治的理据。在此基础上，君主政体甚至君主专制制度得到古代中国人的普遍接受，儒家思想深刻造就了民众服从君主的政治心理。

第三，儒家思想还具有约束政治过程的功能，为统治者和被统治者提供可靠的政治行为规范。如何约束政治权力，规范政治过程，确定政治行为以防止权力，特别是君主权力不被滥用是政治哲学永恒的主题。古代儒家思想家们很早便意识到这一点，并从观点阐发到制度设计上作出过很多努力。孟子在勾勒其"王道"的理想政治图景时强调君主个人品德对政治生活的意义。"君仁莫不仁，君义莫不义，君正莫不正，一正君而国定矣。"（《孟子·离娄上》）以孟子为代表的古代很多思想家将国家政治生活的好坏寄希望于君主个人道德品质上，并对君主道德品行提出很高的要求，其目的便是希望由那些具有高尚美德的人掌握权力，美德与权力并置在一起，其背后隐喻着这样一种逻辑：君主权力的合法性在于个人美德以及由此衍生出的仁政，当君主不具备这样的要求时，那么其合法性也便不复存在。通过要求君主必须约束其个人行为，从而达到儒家学说约束政治过程的作用。

此外，仅凭对君主个人美德的约束仍然是不可靠的，思想家们还在制度设计上下了功夫，丞相制度、文官选拔制度完善了中国古代政治体制，并保证君主政体的长期存在。"君为元首，臣为股肱，明其一体，相待而成也。"（《汉书·魏相丙吉传赞》）又有，皇帝"为与士大夫治天下"（宋·文彦博语）等观念不断地灌输给君主。除了少数几位具有乾纲独断风格和能力的皇帝，如明太祖朱元璋外，中国古代大多数君主都接受与文官集团分享权力、共治天下的基本事实。在付出权力的同时，君主们得到的回报是王朝稳定，权力运行有序，某些更加愿意接受这种权力配置的皇帝被后世史家给予很高的道德评价，如唐太宗被奉为"明君圣主"。这样的权力结构里，君主要成为天下的道德楷模，臣子要忠君爱民，忠实履行君主赋予自己的权力，普通百姓则被要求向君主和圣贤学习，并为其中的优秀分子提供了开放性的向文官系统流动的机会。确实地说，正是因为众多儒家思想家的努力，中国古代政治过程从简单、野蛮走向精致、文明。从这个意义上说，儒学思想为古代政治生活中的人们提供了相对稳定的政治预期。

二、儒家思想现代转型中的三个难题

19 世纪中叶以后，洋务运动兴起标志着传统的中国人开始主动与现代社会发生沟通。包括现代政治学说等各种科学、人文思想知识在随后的几十年间渐渐传入中国，影响着中国人，现代政治思想瓦解了儒家政治思想方式，在事实和思想层面逼迫政治精英和知识精英们重新理解政治生活并作出新的合理解释。此时的儒家政治思想面临前所未有的困境，在其转型过程中也表现出明显的不适应。

首先，自由平等观念与国家意识传播使我们必须重新理解"民"的内涵。在东西政治发展史和思想史中，只要是君主政体存在的年代，人们关于君主的认识具有相当多的共性，君权神授观念曾普遍存在于东西方世界，君主作为与神明的沟通者是真理的人格化身，同时也意味着真理与权力的高度结合。然而对于被统治的对象民众而言，随着政治生活走向现代文明，民的内涵发生了本质的变化，这是近代儒家思想转型中遇到的首要困难。古代思想中，民首先是一个群体化的概念，"黎民""万民""庶民""群众"等表述方式在本质上没有什么差别。其次，民意味着物质，与"愚氓"是同义语。比如，"夫民之为言冥也，萌之为言盲也，故惟上之所扶，而以之民，无不化也。故曰民萌，民萌哉，直言其意而为之名也"（《新书·大政下》）。又如，"民者，冥也，甿者，懵懵，皆是无知之儿也"（《周礼·地官·遂人疏》）。可见，在古代士大夫眼里，民众缺乏儒家要求的美德和政治统治智慧，进而自然也应当是被统治的对象。最后，民还意味着政治等级结构中最底层的那些人。所谓，"无君子莫治野人，无野人莫养君子"（《孟子·滕文公上》）。君子、野人的差别充分表现出儒家思想家们对民政治等级的基本态度。

这些认识与现代政治观念显然是不相容的，中国近代思想家们也曾努力地寻求重新诠释民的内涵，并以此重新定位君与民的关系问题。康有为讲:"人人独立,人人平等,人人自主,人人不相侵犯,人人交相亲爱,此为人类之公理,而进化之至平者乎!"①他通过倡导人的独立平等和自由来否定封建等级制度。梁启超最早提出"国民"的概念,"国民者,以国为人民公产之称也。国者,积民而成,舍民之外则无有国"②。严复也曾说道:"西洋之言治者曰:国者,斯民之公产也。王侯将相者,通国之公仆隶也。"③从这些解说和认识中不难看出,近代思想家们逐渐摒弃儒家思想中根深蒂固的封建元素,并用中国人可以理解的言说方式重新讨论民的内涵,这不仅对儒学思想转型提出了挑战,同时也为近代政治启蒙奠定了坚实的知识基础。

　　其次,主权在民说让我们必须重新思考权力归属及君民关系问题。在古代中国人的观念里,无论是国家还是权力甚至包括民众都被看作是君主的私产。所谓:"普天之下,莫非王土,率土之滨,莫非王臣。"(《诗经·小雅·谷风之什·北山》)又有:"国者,君之车也。"(《韩非子·外储说右上》)在儒学思想家们看来,"国家者,士民之居也,川泽枯则龙鱼去之,山林险则鸟兽去之,国家失政则士民去之。无土则人不安居,无人则土不守,无道法则人不至"(《荀子·至士》)。土地和人民构成国家,君主的责任是守土安民,以民为本。由此,有人把君与民视作父子关系:"夫君道,亲也,民者,子也。吏者,其乳保也。"(《荀子·富国》)或者用身体比喻君、臣、民关系:"天下国家一体也,君为元首,臣为股肱,民为手足。"(《新书·春秋》)或有:"民以君为心,君以民为体。"(《申鉴·政体》)无论是君父民子说,还是君民一体说,都体现了这样一个事实,即君主是人民的代言者(父或首),人民不能也不必自己表达利益诉求,而只能通过君主来获得自己的份额,君主代民谋利,说到底,是一种民为国本、君为民主的权力与利益分配格局。这大约是东西方政治传统中的一项重要差别,与古代中国人认识不同,西方人很早就将权力视为公共物品,而国

①　《康有为全集》(第5册),中国人民大学出版社,2007年,第423页。
②　梁启超:《饮冰室合集》(文集之四),中华书局,1989年,第56页。
③　《严复集》(第1册),中华书局,1986年,第36页。

家是一项共同的善业。到了近代,西方启蒙思想家们更以契约论为假说的逻辑起点,把权力和国家理解为君主和人民之间达成的契约。主权是被抽象化的政治权力,在道德意义上,它属于人民,个人利益诉求不能由君主代表,它只能通过独立的或由民众选择出的代议机构表达出来,这种主权在民的观念从根本上颠覆了儒家政治思想关于权力的合法性来源和统治基础。

最后,民主政治使我们必须重新勾勒理想政治生活图景。传统儒家思想中,理想的政治生活是孟子所谓的王道理想,通过施行仁政使人民富足,王朝兴盛以致国祚延绵。在很多儒学思想家眼中,我们曾经有过这样的理想生活,即上古传说中的尧舜禹汤和文武周公时代,而恢复和实现王道理想则需要靠君主以德治天下。故孔子讲:"为政以德,譬如北辰,居其所而众星共之。"(《论语·为政》)具体政治操作中应特别重礼仪道德教化,通过在社会中塑造士人阶层的美德,一方面作为统治集团的选拔对象,一方面作为普通民众的学习榜样以实现政治社会的稳定。说到底,王道理想是"以不忍人之心,行不忍人之政"(《孟子·公孙丑上》),是人治与治人的高度结合。

随着民主政治在中国的深入传播,思想精英们开始反思传统政治生活的合理性,并努力作出回应,一批以"内圣开出新外王"为宗旨的现代新儒学思想家对民主政治作出自己的解释。梁漱溟讲:"民主是人类社会生活中的一种精神,或倾向,其内容要点有五,即是:承认旁人;平等;讲理;尊重多数;尊重个人自由。"①张君劢则在宪政、人权的意义上解读民主政治,认为:"所谓近代国家,就是一个民主国家……欧洲国家踏进我们的国土,我们最初所认识的是船坚炮利,最后乃知道近代国家的基础在立宪政治,在民主政治,在以人权为基础的政治。"②徐复观从儒家思想与民主政治结合的角度解说中国未来民主政治的走向。他讲:"我认为民主政治,今后只有进一步接受儒

---

① 《梁漱溟全集》(第6册),山东人民出版社,2005年,第125页。
② 张君劢:《宪政之道》,清华大学出版社,2006年,第136页。

家的思想,民主政治才能生稳根,才能发挥其最高的价值。因为民主之可贵,在于以争而成其不争,以个体之私而成其共体之公。但这里所成就的不争,所成就的公,以现实情形而论,是由互相限制之势所逼成的,并非来自道德的自觉,所以时时感到安放的不牢。儒家德与礼的思想,正可以把由势逼成的公与不争,推到道德的自觉。民主主义至此才真正有其根基。"①唐君毅则在人文思想框架中讨论民主,他讲:"民主之本义,是一种政治制度或政治精神。我认为一切政治中的思想概念,都应放在人文的思想概念之下。民主的思想概念,在我心目中,亦是一引申的第二义以下的思想概念。"②通过这些人给出的不同解说不难发现,新儒家们首先承认民主政治是中国未来的必然选择,同时又急切地希望为传统儒家政治思想找到在现代中国得以继续安身立命的依据,谋求儒家政治思想的现代转换。时至今日,新儒家们的努力越来越多地受到重视,但能否真正达到预期目的,仍然要画上一个大大的问号。

三、儒家思想之于当下中国的意义

儒家政治思想是人类思想中极为重要且可贵的组成部分,优良的公共生活是所有思想家的共同追求,只不过在社会历史环境、思想水平及思维方式等各种因素作用下,东西方政治传统表现出明显的差异性,人们对何谓优良的公共生活以及如何实现它给出了不同的答案。在当下中国,儒家思想本身是否具备积极价值,答案显然是肯定的。问题是我们既不能无视传统,一味否定儒家思想,也不能过分夸大其价值,对儒家思想作不符合事实和逻辑的过度诠释,而应秉持审慎的态度看待它,进而才可能尝试对其价值作出适当评估。本书认为,立足于中国特色社会主义政治文明发展的需要,我们从

① 《徐复观文集》(第1册),湖北人民出版社,2009年,第116页。
② 唐君毅:《人文精神之重建》(第2册),广西师范大学出版社,2005年,第315页。

儒家思想中至少能获得以下三点借鉴价值:

第一,人文主义的精神旨趣。儒家思想一个突出特征是关注人和人的现实生活,古代中国是一个神学不太发达的社会,人们精神安顿问题大抵需要儒家思想作为依托,而儒家思想向来倾向于与神学切割,所谓"不语怪、力、乱、神"(《论语·述而》)。在"事人"与"事鬼"之间,正统儒者会毫无疑问地选择前者。正是这种人文主义精神才使得中国没有经历过欧洲中世纪的神权社会,如梁漱溟判断的那样,中国传统社会是一个以道德代替宗教的社会,而周孔教化在培育中国人道德系统过程中起到了决定性作用。人们对政治问题的认识也源于现实社会的道德观念。中国人在很早的时候便认识到"天视自我民视,天听自我民听"(《尚书·泰誓中》)的道理。进而认为提升政治生活质量唯一可靠的手段在于人道德意识的不断提升,包括君主、士人、百姓所有社会成员的共同努力。与西方社会相比,这种人文主义精神旨趣在中国存在了数千年,当然,其内涵上有不少差别。但这并不影响我们今天重新将传统中的人文主义元素提炼出来并继续大力倡导。中国当下政治文明建设需要将人本身作为首要对象来看待,需要将不断解决人的问题作为丰富和发展中国特色社会主义民主政治的核心工作,更需要在推进整个工作中依靠人民、相信人民,中国共产党走群众路线的执政策略在不同历史阶段都被证明是正确的,因为它将关注点明确落实到人这个实质问题上来。总之,当下中国政治生活离不开人文主义关怀,未来中国的政治生活图景也需要人文精神为其提供源源不断的思想动力。

第二,经世致用的学术态度。在中国古代思想家心里,思想学术的价值在于能够有益于社会生活的改善与提高。作为道德和思想楷模的"君子",有其一整套培育方法和判断标准。"修身、齐家、治国、平天下"大约被看作是通向君子人格之路。这个过程明显体现出经世致用的学术态度。反过来讲,"诵诗三百首,授之以政,不达;使之于四方,不能专对,虽多,亦奚以为?"(《论语·子路》)也就是说,如果偏离了为社会现实服务,那么再深奥的学问也没有太多意义。中国历史中曾出现过不少理学、心学大家,然而即便是如程颐、程颢,也强调"穷理致用"的重要性。"读书将以穷理,将以致用也。今或滞心于章句之末,则无所用也。此学者之大患。"(《河南程氏粹言》卷2)儒家治学风格被一代代的思想家所继承, 经世致用的入世情结也成就了古往今来众多的优秀政治家。传统政治之所以能如此稳定地长期延续,即便是经历王朝更迭也不丧失其活力,其中很重要一点即文官制度被不断完善,整个文官系统被一批批儒生占据,他们深刻影响着王朝的权力运行状况。中国的文官选拔不仅要求官员对君主的忠诚,更要求官员展现出的治国能力,二者都被视为官员的美德,儒学经典之所以能培养出这样的美德,经世致用的学术态度不容忽视。

当下中国,拥有着全世界规模最大、人数最多的官僚系统。我们在公职人员培育、选拔和任用方面已形成了一整套机制标准。未来中国行政体制改革必然会对公职人员素质和能力提出新要求,会需要更多的专门化人才。因此,在学习过程中贴近社会实际,在管理行政事务和政治活动中注重用思想理论关照现实生活是对中国公职人员的合理要求。不仅如此,作为现代社会的公民, 我们每个人都有关注公共生活的资格, 当然也要有相应的参与能力,它也需要所有社会成员主动培育个人的公共意识,将所学纳入增进和改善社会生活需要的视野中,不仅为推动政治生活的发展,也为提升整个社会的共同福祉作出努力。至少对于绝大多数人而言,在思想学术与现实生活之间寻求合适的平衡点是极为必要的工作。

第三,民贵君轻的道德情怀。正如前文所言,中国思想家很早即意识到民对政治生活的作用,"民为邦本,本固邦宁"的观点是历代统治者和思想家们的共识。孟子以来更将"民为贵,社稷次之,君为轻"(《孟子·尽心下》)的观念作为统治者必须具备的政治意识。尽管民本意识与近代权利观念有本质的不同,但古代政治思想中表现出浓厚的民贵君轻道德情怀,统治者和思想家们对民众的重要性的认识是非常深刻的。落实到当代中国,中国共产党是公共理性的代表,它与宪法规定的"一切权力属于人民"共同构成其权力的合法性来源。作为执政党,全心全意为人民服务是党的宗旨,民生事业是当前党和国家关切的最重大的政治问题,这也要求执政者将人民的利益诉求作为一切工作的出发点和落脚点,真正做到权为民所用、情为民所系、利为民所谋,这应当成为党政领导干部和广大公职人员时刻坚守的职业道德操守。

值得注意的是,儒家思想虽然为我们留下珍贵的思想遗产,但是我们在继承时必须首先正确看待传统思想资源的局限性,即应当在何种意义上理解、接受和发扬它们需要认真思索。毫无疑问,儒家政治思想无法为人民提供自由、平等、民主、法治等现代政治观念,作为一种前现代的思想系统,它既无法与近代西方民主政治话语相比,更无法同马克思主义理论相提并论。在推进中国政治文明建设事业的过程中,中国特色社会主义理论必然是最重要的理论资源和主流意识形态。对于儒家思想和西方民主理论而言,我们都只能在合理的框架中作适当的吸收和审慎的借鉴。

第三节

传统国家治理的变革图景

自 20 世纪七八十年代开始,以英、美为主的发达国家掀起一场所谓"新公共管理运动"起,一些西方学者开始重新思考政府与市场,特别是与私人部门、准公共部门的关系问题。他们集中探讨如何通过改变权力分配及其运行机制以提升政府管理与服务水平,进一步创造市场繁荣和促进公共福祉,"政府治理"(Government governance)一词逐渐成为理论界的热点问题。90 年代以来,特别是 21 世纪之初的 10 年间,政府治理在中国政治学界亦俨然成为一门显学,其间各种理论著作、观点学说可谓汗牛充栋,不一而足。2013 年,党的十八届三中全会更是站在推进党和国家各项事业改革全局的战略高度提出:"全面深化改革的总目标,就是完善和发展中国特色社会主义制度、推进国家治理体系和治理能力现代化。这是坚持和发展中国特色社会主义的必然要求,也是实现社会主义现代化的应有之义。"值是之故,近两年,"国家治理"又无可争议地成为政治学研究的前沿问题之一,受到学界普遍关注。

如果追根溯源的话,西方语境中的"治理"(Governance),依笔者之陋见,从政治哲学维度上讲,一种比较可靠的说法是来自于米歇尔·福柯对自马基雅维利、亚当·斯密以来政治经济学的重新反思。福柯在其后期的哲学研究中尤其热衷于运用系谱学(Genealogy)的研究范式分析权力问题。在他看来,"马基雅维利集中讨论了国家对其民众的统治管理问题,而斯密则认为国家即是'由人与物所构成的复杂的联合体'。这标志着对国家问题论证的开始。

国家作为一个管理性的实体，它管理着经济，并从它古老的含义中衍生出'经济'的概念。同时，集体身份认同上，家庭或每一户的概念在现代意识中被理解为民众"①。问题在于，包括马基雅维利和斯密在内众多思想家的论著都隐含着某种未被阐明的问题，福柯把它称之为"管理的技艺"抑或"治理术"（Geovernmentality）。可能有人会反对，认为斯密是反对国家干预经济的，但不可否认的是，他或多或少地也相信统治。就国家与经济的关系而言，斯密所提出的管理问题是一种17世纪、18世纪的新意识。同时，他承认君权统治，但他认为统治无关于地域和居于此地的人民，而关乎"人际交往中的人、人与人之间的联系、人与其他事物诸如财富、资源、生存方式之间的内在联系等问题"②。基于主体间交互性的视角，福柯试图用"治理术"来代替静态意义上的"管理"（Government），这意味着国家是一个动态的管理过程，它有助于使人们获得一种制度化的意识，并把治理术看作是一项统治话语实践。如果继续按照福柯的思想逻辑走下去的话，治理术的本质是一种关乎"身体的政治"（Politics of the body），他将身体看作是"镌刻事物的平面"③。在其晚近的重要著作《规训与惩罚》《性史》里集中讨论了权力与身体之间的关系，同时也将其对治理术的理解贯穿其中。

当然，我们今天所谓的治理或国家治理已经不仅限于福柯式系谱学碎片化的主体间关联的思辨之中，而是在一个宏大叙事层面加以讨论，即公共空间内的各行为主体间的交互关系及其交往行为。在对治理的最初意涵稍作正本清源之探讨后，意在明确一个重要的前设性问题以作本书立论之基：理解国家治理应当将其放置在特定的话语实践空间内加以认识，与其说它是一种政治实践，毋宁说它更是一种文本实践或话语策略。唯有此，我们才

①② Michel Foucault, Geovernmentality, *Ideology and Consciousness*, 1979, No.5, p.11.

③ Michel Foucault, "Nietzsche, Genealogy, History", in *Language, Counter-Memory, Practice*, ed. Donald F. Bouchard and trans. Sherry Simon, Carnell University Press, 1977, p.148.

可能更为恰当地认知和解说治理或国家治理这样的舶来品。也只有在这样的学术格局中方能进一步理解和阐释中国语境下的国家治理体系和治理能力现代化。本书通过梳理中国传统政治思想及其近代转换过程中对国家治理问题的相关解说，旨在古今对比、中西关照的双重向度上，尝试搭建起一种关于我们自己的国家治理逻辑及其地方性特质的理论阐释。

一、王权体系框架内的治国理政

中国古代经历了长期的封建帝制统治，自秦始皇到清宣统皇帝退位，整个王朝体制历经两千年，其间虽有改朝换代但最终表现出梁漱溟所言治乱循环而无革命的特点。金观涛等人将其归结为中国社会的"超稳定结构"，而所谓的社会结构、社会秩序无疑是建立在一定的政治制度安排基础之上的，罗尔斯把它看作是社会基本结构及其稳定性问题。回顾我国古代政治统治，王朝的统治者们在其长期的统治实践过程中积累了丰富的统治谋略和管理技艺。这些宝贵的思想遗产或被历代思想家著于经书、史书，或被统治者收录各种实录、圣训之中。确切地讲，我们很难找出极为精准的词汇对历代先贤治国理政的经验、教训及其特征加以高度概括，但出于简化讨论话题之目的，笔者选取当代中国政治思想史专家刘泽华先生及其弟子们提出的"王权主义"为立场，将中国古代政治家和思想家们治国理政的基本逻辑纳入王权体系框架内加以审视。正如荀悦所言："天下国家一体也，君为元首，臣为股肱，民为手足。"（《申鉴·为政第一》）基于此种认识，中国古代一切社会生活都被吸纳进以王权为核心的权力格局内，因此"王权体系同时又是一种社会结构，并在社会的诸种结构中居于主导地位"[①]。

按照王权主义的政治统治逻辑，中国古代社会表现出一种人治与治人

---

① 刘泽华：《王权主义：中国文化的历史定位》，《天津社会科学》，1998 年第 3 期。

高度结合的管理模式。①也就是说，中国传统治国理政的焦点指向了其社会成员，治理好民众成为古代统治者政治实践活动中不断探索的核心话题，其关键在于如何理解民众的角色及其在王朝统治中的地位。作为一种群体性概念，民在中国古代被理解成职业群体，即士、农、工、商谓之"四民"。此外，民还意味着无知、蒙昧，"夫民之为言冥也，萌之为言盲也，故惟上之所扶，而以之民，无不化也。故曰民萌，民萌哉，直言其意而为之名也"(《新书·大政》)。可见，在古代统治者心里，民众即是政治社群中尚待开启智慧，因而必须由贤者统治和教化的群体。他们天然地处于政治结构和社会结构中的最底端，也理所应当地各安本分，通过从事各种经济生产创造财富以供养统治者，君子与野人之辩证关系亦顺理成章。同时，精明的统治者们也没有把民众改变自身命运的通道完全关闭，通过构建起一套较为完备的文官选拔、考核及奖惩制度实现了社会阶层之间的有效流动。以士人为主体的乡绅阶层成为连接统治者与普通民众之间的桥梁，他们中的佼佼者可以进入官僚集团成为统治者，资质平庸之辈也能够在以伦理情谊为连接的乡村中充当王朝统治的辅助者。于是，朝廷政令止于府、县而又不失之于民众的管理方式成为中国古代政治图景的一大奇特现象，颇耐人寻味。

　　历代统治者们非常清醒地认识到，所谓治国理政说到底是驾驭民众，进而创造一个安定、繁荣的政治社群，意在无休止地延续王朝运祚。但长期的政治实践证明，王朝更迭几乎成为所有帝王家族无法规避的事情，也正是在一幕幕悲喜剧反复上演的历史教训中，统治者们尤其重视民众。政治家和思想家们清楚地认识到民众对于君主及其王朝的重要意义。从君民关系方面讲，民众是君主得以为统治者的前提。故有："苟无民，何以有君？"(《战国策·齐策》)唐太宗那句著名的话："君，舟也；人，水也。水能载舟，亦能覆舟。"

---

　　① 　关于此种统治机制的表述，参见拙文《中国传统管理思想的逻辑脉络论略》，《北华大学学报》，2012 年第 2 期。

(《贞观政要·论政体》)也成为后世将其奉为明君圣主的重要佐证。从民与国家的关系方面说,民众是天下之本,立国之基。孟子说:"得其民,斯得天下矣。"(《孟子·娄离上》)《左传》言:"国将兴,听于民。"(《左传·庄公三十二年》)汉代王符认为:"国之所以为国者,以有民也。"(《潜夫论·爱曰》)诸种观点和言论在古代统治者和思想家那里俯仰即是,故不赘述。至此,我们不难发现,虽然在统治者那里,民是无知、愚昧的社会底层群体,但也正是这个群体形塑与成就了王朝基业,治国与治民具有高度的统一性。

带着这样的认识,中国古代政治哲学中一项重要命题便应运而生,即作为集合工具理性与价值理性于一体的民本思想。封建帝制权力合法性源于君权天授和宗法制下的血缘相续学说,此二者隐喻了古代社会成员崇拜神明和迷信祖先的朴素道德情怀。自两周时代起,敬天法祖已然成为统治者的政治信条,但无论是神明抑或祖先都不能确切地为当世统治者提供治国理政方略,评价政治统治质量优劣还需要找到一种更为可靠的标准。因此,在"夫民,神之主也"(《左传·桓公六年》)的思想指引下,统治者们便将关注焦点从诉诸神秘主义移向观察世俗生活,加之古代思想家群体通过理论论证将天命与人事相互沟通,民心向背则成为王朝兴衰的重要判准。由此,民本思想便以工具理性和价值理性的双重面孔展现在世人面前。

在统治者们看来,虽然以民为本在天与人归的意义上体现出价值理性的元素,但它的根本作用在于维系王朝统治秩序,民为邦本,本固邦宁的治国思想表现出浓重的工具理性色彩。贾谊告诫统治者:"民者,万世之本也";"国以民为安危,君以民为威侮,吏以民为贵贱";"自古而至于今,与民为仇者,有迟有速,而民必胜之矣"。(《新书·大政》)他认识到王朝的兴衰安危全依赖统治者对待民众的态度和方式。以民为本作为一种统治策略,我们在历代王朝政治实践中都能看到统治者会适当地改革税制降低民众经济负担,严格控制土地兼并防止财富分配不均,遇到灾荒朝廷动用国家资源予以救济等政治举措。反过来讲,统治者一旦失去对国家资源和民众生存状况的有效控制,进而失去民心,那么改朝换代的事件便会发生。从思想家群体方面讲,正如前文所言,他们更愿意站在民众与天下、民众与君王关系的视角下赋予民本以强烈的价值理性色彩,进而使之成为统治者的一种道义约束。宋代朱熹明确提出:"国以民为本,社稷亦为民而立。"(《四书章句集注·孟子集注》)朱子将民看作是政治统治的目的,虽然他被后世奉为官方话语的代言人,但在当时来看无疑是一种极具刺激性的观点。及至明清之际,黄宗羲、顾炎武、王夫之等人更是将民本思想推向了极致。"为民而立之君""天下为主君为客"等光辉论断更是在相当大程度上批判了民本思想的工具属性,在他们看来,民众的意愿和福祉就是君主施政的最高目的和最终归宿。中国古代政治精英与思想精英之间的张力在民本思想上表现得淋漓尽致。

重视民意,善待民众无论在工具维度还是价值维度都是值得重视的,这是古代政治家和思想家们的共识。此外,二者还有一个更为根本的共识是,无论民众的地位被抬得多高,本质上还是统治对象,不具备独立政治人格。君主存在的价值不仅是为民众创造福祉,而且是民众意愿和利益的代表者,民为邦本,君为民主构成了民本思想的完整逻辑。治国理政的主动权永远操持在统治者手中,民众的一切利益均出于统治者。那么统治者用何种方式治理民众,既让民众对自身地位有明确的认识,又要让其与整个王朝统治黏合在一起,形成君主与民众利益的高度契合,也就成了中国古代治国理政活动中另一个不可或缺的重大问题。对此,历代先贤也有丰富的见解和激烈的争论。早期儒家推崇周公"明德慎罚",秉承"礼、乐、政、刑,四达而不悖,则王道备矣"(《礼记·乐记》)的治国理念。虽然礼、乐、政、刑四种方式都是治理民众的重要手段,但他们依然相信德主刑辅是治民的根本策略,"道之以政,齐之以刑,民免而无耻;道之以德,齐之以礼,有耻且格"(《论语·为政》)。朱熹在解释这句话时同样认为治民根本在于德治:"愚谓政者为治之具,刑者辅治之法。德、礼则所以出治之本,而德又礼之本也。此其相为终始。"(《四书章句集注·论语集注》)儒学思想家们之所以对德治如此重视,很大程度上缘于他们对人性向善以及构建起以伦理情谊为基础的等级社会抱有乐观判断。当然,另一些如法家思想家们却不这么看,他们更看重将君主权威以法、术、势等方式施加于被统治者,特别将运用法律治理国家看作是最为可靠的手段。"法令者,民之命也,为治之本也,所以备民也。"(《商君书·定分》)法律作为君主意志的集中体现,其非人格化权威的特质有助于为社会成员提供可靠且稳定的行动预期,依靠法律有助于提升统治效率。集法家学说之大成者,同时又是儒学思想家荀子的弟子韩非则比较清楚地认识到法律规制和道德教化对于君主来说都是不可或缺的。他讲:"明主之所导制其臣者,二柄而已矣。二柄者,刑、德也。何谓刑、德? 曰:杀戮之谓刑,庆赏之谓德。为人臣者,畏诛罚而利庆赏,故人主自用其刑、德,则群臣畏其威而归其利矣。"(《韩非子·二柄》)自汉武帝以降,当儒学话语成为官方意识形态后,外儒内法,兼及百家的治国形态在两千余年的政治实践中逐渐走向成熟,德主刑辅,宽猛相济的治国策略被统治者们运用得炉火纯青。

总之,中国古代治国理政的核心要旨在于治民,形而上构建起以民为本的价值维度,并在政治实践中通过道德教化和法律规制等途径将民众的生存轨迹与君主和王朝运作紧密勾连在一起。稍作总结的话,传统治理可被看作是一种旨在维系王权体制,兼用诸多统治手段而施诸于人的管理活动,而有限的对于公共事务的管理几乎仅限制在被韦伯称之为 "君主世袭的官僚制"(Patrimonial bureaucracy)①的中国古代文官系统之中。

二、"冲击—回应"模式中的国家治理重构

梁漱溟认为,近代中国如果没有受到西方文明的刺激,那它还会沿着其

---

① Max Weber, *Economy and Society:An Outline of Interpretive Sociology*, University of California Press, 1978, pp.1047-1051.

固有逻辑发展下去，然而世界范围内的现代化浪潮终结了中国传统社会的存续进程。费正清在观察近代中国现代化变革情况时，提出"西潮冲击—中国回应"的思考范式。近几十年来，无论是西方汉学界还是中国史学界对此都提出不少批评，费氏弟子如柯文等倡导"在中国发现历史，亦即重视中国的内在发展"①。甚至有学者将中国的现代化元素追溯到两宋时期。不可否认，如果用"冲击—回应"完全囊括一切固然不可取，但如果为了刻意追求中国主体性而忽视它又显得过于狭隘并有种过分自信之嫌。一个显见的事实是，近代中国所经历的"器物—政制—文化"之变，无一不是我们面临西潮激荡而被迫作出的反应，进而引起科学技术、经济、政治、思想文化的大变化，传统中国的思想根底被彻底瓦解。正如王国维所言："自三代至于近世，道出于一而已。泰西通商以后，西学西政之书输入中国，于是修身齐家治国平天下之道乃出于二。"②由此看来，至少在思想史范围内，中西方之间的能动关系，尤其是涉及国家治理及其转换的问题，尚值得继续探讨。

值得注意的是，近代中国政治实践发展与政治思想变革存在明显的不同步，现实维度中，"无量头颅无量血，可怜换得假共和"的慨叹正是那个时期政治现实的生动注脚，然而发轫于19世纪中叶的思想启蒙尽管在不同议题上历经中与西、新与旧、君宪与共和、玄学与科学、问题与主义等诸多争辩，却从未因受困于现实政治而停滞。近代中国思想界也正是在诸多争辩中探索瓦解与重构之路。国家治理问题上，随着清王朝的覆灭，政治合法性必须得到重新诠释，同时也是亟待解决的现实话题。大体说来，近代国家治理重构集中于以下三个方面：第一，王权主义价值系统瓦解后，运用什么知识重构治理观念？第二，智识与权力如何实现再结合，即何种力量推动了国家治理的重塑？第三，转型后的国家治理的核心指向为何？

---

① 对于此种认识，参见[美]柯文：《在中国发现历史：中国中心观在美国的兴起》，林同奇译，中华书局，1989年。

② 《王国维全集》（第14册），浙江教育出版社，2009年，第212页。

19世纪中晚期,尽管几十年的洋务运动为中国社会带来了现代化气息,但在经历了甲午战争和庚子国难之后,王朝体制在面对现代国家的挑战时显得如此软弱,以至于让王朝的最高领导者除了"量中华之物力,结与国之欢心",几乎束手无策。传统治国理政的固有逻辑被彻底颠覆,政治现代化,特别是国家组织结构、权力运作以及一整套政治价值系统革新已经迫在眉睫。思想界,一批批有识之士将西方政治话语引入中国。国家、人民、权利、民主、自由、共和、法治等政治名词以及自由主义、马克思主义、无政府主义、现代新儒学等各种政治思潮进入国人视野。及至新文化运动,我们对西学话语的认知逐渐从"中体西用"向"道出于二"转换,恰如罗志田教授所言:"近代中国以'变'著称:变得快、变得大,且变化的发生特别频繁。那时不论思想、社会还是学术,都呈现一个正统衰落、边缘上升的大趋势,处处提示着一种权势的转移。"①这种权势转移为近代中国搭建起新的国家治理模式提供了丰富的智识资源。其中,重新思考国家、统治者及其民众的关系,成为近代国家治理观重构的首要问题。严复讲:"西洋之言治者曰:国者,斯民之公产也。王侯将相者,通国之公仆隶也。"②孙中山也说:"国中之百官,上而总统,下而巡差,皆人民之公仆也。"③国家再也不是君主的私产,他们从君师一体的神坛坠落,转而成为国家和民众的服务者。民众也不再是君主的附属,而是国家的所有者。国家治理从君主及其文官集团作为主体的治国理政转换到包括国家管理者和民众在内政治共同体所有成员的一项公共事业,这种思维转换彻底否定了古代治民的政治逻辑。换言之,建设现代国家和政府是近代治理观转型的内在要求,而无论是康有为、梁启超、严复还是孙中山甚至袁世凯等朝廷实力派人物都不同程度地认同并推崇西方政治学说或政府运作机制,可以说,西方政治话语传播为近代中国治理观重构提供了充足的知识

---

① 罗志田:《权势转移:近代中国的思想与社会》,北京师范大学出版社,2014年,第1页。

② 《严复集》(第1册),中华书局,1986年,第36页。

③ 《孙中山选集》(下卷),人民出版社,1956年,第742页。

准备。

近代国家治理重构的另一个问题是知识与权力的结合。李侃如在梳理中国共产党国家治理路径时将其总结为"从革命到改革",而如果把视角稍微放大些观察近代中国的话,改革与革命实际上是相互并置,彼此更替,共同推动着国家治理的形塑。早在1898年前后,以康、梁等人为首的维新思想家提出了一整套政治改革方案并得到中央政府的支持,其中包括设议院、赋民权等诸多现代国家治理不可或缺的要素。戊戌维新失败后,清政府内部开明分子如张之洞、袁世凯等人有策略地继承维新派衣钵,积极推动行政体制改革,通过政府机构重组、革新官员选拔机制(废科举)等一系列举措实现了清政府机构一定程度上的转型。诸多管理现代公共事务的政府部门如邮传部、巡警部的出现提升了国家行政机构的专业化水平并开始履行公共管理职责。"预备立宪"运动中,制定《钦定宪法大纲》、设立责任内阁、颁布《十九信条》以及在各省设立咨议局等措施至少在形式上改变了王朝权力运行的基本架构。客观地说,这些举措在一定程度上影响了当时的社会精英,仅在"预备立宪"的几年里,舆论界便掀起一股围绕立宪、国家、政府、国民、权利、自由等现代政治话语介绍和讨论的小高潮。有支持立宪者如张謇提醒清政府决策者说道:"国运非收拾人心,无可挽回;人心非实行宪法,无可收拾。"[①]不得不说这代表了相当部分士人的普遍心态。也正因为如此,"预备立宪"的伪善被揭穿后,士人阶层迅速倒向革命派,一起埋葬了清王朝统治。

与改良派不同,革命派从一开始就寻求建立现代共和制度,在推动中国治理转型的道路上走得更为激进。在他们看来,共和国家框架内实现国家有效治理才是解决中国问题的唯一出路。孙中山在就任临时大总统宣誓演说中讲:"国家之本,在于人民。合汉、满、蒙、回、藏诸地为一国,则合汉、满、蒙、

---

① 杨立强等编:《张謇存稿》,上海人民出版社,1987年,第21页。

回、藏诸族为一人,是曰民族之统一。"①"五族共和"的理想正是未来的共和国实施国家治理的基础。此外,孙中山还为共和国设计了一套较为完备的建国思路及行动方案,尤其是他提出的"权能分立"独创性地解释了民众掌握政权,是国家的主人;政府掌握治权,担负治理责任,而且把治权看作是管理公共事务,即管理众人之事。我们从国民政府的权力架构及其运作机制中也能够或多或少地发现孙中山的影子。可以这样讲,活跃在20世纪初叶的中国政治舞台上的改良派与革命派两股政治势力虽然曾经彼此展开过激烈的对抗交锋,但他们又具有共同的政治理想,即在中国建立起现代国家和社会,由此而无意识地合力推动了近代国家治理重构,并将观念一定程度上落实在政治体制变革上,实现了由专制主义的治民向民主共和架构下管理公共事务的转型,近代治理观的民主化价值取向清晰可见,推动了国家治理知识维度与权力维度的结合。

与那些已经完成现代化转型的国家不同,近代中国仍处于现代化进程初期,从社会基本形态方面讲,乡村事务无疑是国家治理的重心。对此,梁漱溟有其独到的认识和解析,他认为,中国"政治消极无力",国家权力建立不起来,缺乏团体生活,也就无法形成有效治理。主要原因在于文化严重失调,即旧有文化崩溃后,新的文化又建立不起来。解决这一问题的关键在运用"新礼俗"建设新乡村,以乡村组织建设带动政权建设,最终实现乡村立国的现代化之路。梁氏所谓的"新礼俗"正是一种治理思路,它类似于古代贤人治理,但又不妨碍民主精神和法治精神的发挥,通过对传统治理和现代政治的双向改造构建起一种符合中国人固有精神气质的乡村治理模式。晏阳初同样认为乡村是立国的基础,是国家治理的重心。"农村不清明,四万万人永远不见天日,中国政治永远是个黑暗政治。"②"政治的基础在哪里? 在县,县才

① 《孙中山全集》(第2册),中华书局,1982年,第2页。
② 《晏阳初全集》(第2册),湖南教育出版社,1992年,第34页。

是中国真正的政治基础。"①因此,他致力于研究县政建设,通过"政教合一"的建设方针,梦想实现县级政权的有效治理。另一位典型人物卢作孚也认为国家建设离不开乡村建设,国家治理的基础在于治理好乡村,因为"乡村问题放大起来,便是国家的问题"②。同梁漱溟类似,卢作孚也主张在乡村塑造现代化的集团生活,实现乡村的现代化。除了乡村建设派,以毛泽东为代表的中国共产党人很早就意识到乡村和农民之于中国革命的意义所在。用他的话说:"忘记了农民,就没有中国的民主革命,也就没有中国的社会主义革命,也就没有一切革命。"③他曾反复强调农民是革命的主力军,但由于受其自身政治能力的限制,不可能成为革命的领导阶级,必须在无产阶级利益的代表者即中国共产党的领导下实现解放。而党领导的新民主主义革命之所以能够取得最终胜利,一个极为重要的经验就是其社会动员能力是任何同时代的政治势力都无法比拟的,而这完全依赖于党对基层政权,特别是乡村政权的有效治理。乡村社会是近代中国社会的主体,实事求是、因势利导地把握国家治理关切的核心是取得革命胜利的宝贵经验,时至今日仍具有极高的借鉴意义。

综上所述,思想家和政治家群体在思索近代中国国家治理转型问题时,在治理的主体、对象、动力、策略、路径、重心等各个方面都有颇为深刻的认识和分析,中国共产党人最终将其落实于政治实践并取得成功,中国地方性特色十足的国家治理现代化事业迈出了坚实的一步。

三、作为一种地方性知识的治理

回顾中国古代治理观念及其向近代转换的艰难历程,我们不难发现,治

---

① 《晏阳初全集》(第1册),湖南教育出版社,1992年,第536页。
② 《卢作孚集》,华中师范大学出版社,1991年,第88页。
③ 《毛泽东文集》(第3卷),人民出版社,1996年,第305页。

理观的形塑、瓦解及其重构与整个政治共同体的生存图景密切相关。它是社会经济发展模式与水平、政治运行规则与惯性、精英群体的政治举措与思想限度、世界格局发展变化等诸多因素综合作用的结果。治理既是一种政治话语实践，又是一种知识话语实践，它存续于特定的政治、经济、信仰、道德、哲学空间之中。从这个意义上讲，没有一种治理学说或观念具备超越时代、超越文化、超越地域的完备性。美国文化人类学家克利福德·吉尔兹提出的"地方性知识"（Local knowledge）为我们提供了一个可能的分析视角。所谓"地方性知识"最初是一种文化人类学概念，它与普遍性知识相对应，某种意义上可以将其看作是对现代性哲学普遍主义倾向的反叛。吉尔兹认为，人是一种意义的动物，而且生活在自身所编织的意义之网中，而这张意义之网即是文化。①问题在于，我们无法用实验科学的方法认识文化，而只能对它作出某种带有特定观察渗透式思维的解释。由此，那些所谓能够反映和把握人类生存普遍规律的知识在面对各种异质文化时往往表现出教条式的傲慢，观察分析一个政治共同体的政治文化发展路向亦是如此。

中国治理观变迁历程表现出明显的现代化倾向，虽然近代中国对于治理的认识在今天看来还比较粗线条，但它在吸纳借鉴现代性政治思维的同时仍持守着浓重的地方性特色，或称之为民族性的元素。作为一个超大规模政治共同体，中国公共生活表现出的复杂性内植于无数碎片化的公共事务之中，任何宣称具有普遍性意义的治理模式恐怕都无法涵盖和解决中国的所有问题。我们唯一能做的是扎根中国现实并保持一种开放性思维，有条件地吸纳借鉴异质文明创造的有益经验。中国治理体系和治理能力现代化事业既要正视先进国家治理模式，同时也需要跳出现代性普遍主义倾向的误区。这就要求我们必须继续认真思索今日之中国实现治理现代化的主体结

---

① 关于吉尔兹对人和文化的认识，参见［美］吉尔兹：《地方性知识——阐释人类学论文集》，王海龙等译，中央编译出版社，2000年。

构、基本动力、建设路径、适用策略等重大问题。盲目地乐观或过分地自卑都可能导致这项伟大事业沦为空谈。关于当代中国治理体系和治理能力现代化问题显然还是一个极具理论与现实意义的前沿话题，我们将治理观安顿在地方性知识的位置上加以看待，只是尝试着剔除思想偏见，倡导在政治实践与知识话语空间勾连起有效的诠释关联。

第三章

中国近代政治思想转型模式与话语策略变迁

第一节

近代政治思想的转换逻辑概说

所谓近代政治思想，不能简单地理解为时间概念。与古代政治思想相比，其本质特征之一即它对世界范围内现代化进程作出了某些回应。从 19 世纪后半叶到新文化运动，每一时期的思想家们都针对当时当下的某种问题进行思索。同时，近代政治思想的整个变迁历程有它的内在规律，即它持续不断地被纳入现代性的政治知识与价值系统之中，政治思想家们对现代公共生活的认识水平也随之不断加深，并且在理论倾向方面发生了深刻的转向。如果试图讨论这一现象，则需要走进思想家们的精神世界，在理论与现实的相互关照中或许能够窥见某些端倪。因为任何思想的产生和发展都与思想家们的智力水准和特定的历史环境是分不开的。

一、近代政治思想变革的三种模式

有学者将近代中国政治思想变革的主要方式总结为三种：出于保障既得利益需要的权势型变革、致力于寻求解放的救亡—革命型变革以及旨在启迪民智的知识型变革。[①]当然，这样三种变革方式并没有严格意义上的单向度继承关系，然而在不同历史时期里，它们都曾占据过主流。因此，我们

---

① 详见颜德如:《"被压弯的树枝"——近代中国启蒙问题之反思》,《江苏社会科学》,2008 年第 2 期。

沿着这一思路,将从洋务运动到新文化运动几十年间政治思想的发展作简要概括。

(一)权势型变革阶段

鸦片战争客观地将中国拖入现代化进程之中,"师夷长技以制夷"成为林则徐、魏源等人反思中国问题的开端。他们把了解西方同如何与之对抗结合在一起,不能不说是中国近代知识精英群体的重大进步。然而仅仅如此很难将其划入政治思想史的发展序列。直到洋务运动时期,曾国藩、李鸿章等人沿着"师夷""制夷"的思路,以自强为口号,掀起近代中国第一次大规模的现代化运动。他们提倡学习西方科学技术,以期达到抵御外辱的目的。曾国藩倡导"师夷智以造炮制船",以学习运用和制造船炮为实现自强的手段。更为可贵的是,他还特别重视培养西学人才。在曾国藩的努力下,中国第一次向西方派遣留学生,开启了近代留学的历史。与乃师相比,李鸿章更加透彻地看到清王朝正经历着"数千年未有之变局",面对强大的外患,他讲:"我能自强,则彼族尚不至妄生觊觎;否则,后患不可思议也。"[①]同时,李鸿章在初步了解西方国家大致情况之后,指出:"中国文武制度,事事远出西人之上,独火器万不能及。"[②]由是,中国必须求变,而其变重点在科技、军事等方面。随着他认识的深入,发现国家富强首先依靠经济实力,求富便进入洋务改革的重要议题之中。正如他所言:"古今国势,必先富而后能强,尤必富在民生,而国本乃可益固。"[③]至此,寻求富强成为中国近代有识之士关注的一个重大问题,随之而来的问题便是如何求强求富。洋务派的基本观点是从中西之间在军事、经济实力层面进行反思,进而确定努力方向。虽然后来的历史发展证明,他们并未找到中国真正的问题所在——严格地讲,这个问题只有在理

①《李文忠公全集·奏稿》(卷7),上海商务印书馆,1921年,第32页。
②《筹办夷务始末》(同治朝),中华书局,1979年,第10页。
③《李文忠公全集·朋僚函稿》(卷43),上海商务印书馆,1921年,第43页。

论层面去理解才有意义——然而中国近代政治思想正产生于这个阶段,其后的各种变革也自这时起。

　　(二)救亡—革命型变革阶段

　　洋务运动绝不仅为近代中国贡献了枪炮轮船、矿厂铁路以及一大批专业人才,更为重要的是它的求变意识。洋务运动后期,围绕着究竟应以发展经济、科技为主还是应把变革伸向政治领域的问题已经产生了某些分歧。如郭嵩焘指出:"西洋立国有本有末,其本在朝廷政教,其末在商贾,造船、制器,相辅以益其强,又末中之一节也。故欲先通商贾之气以立循用西法之基,所谓其本未遑而姑务其末者。"①然而他的批评在当时被看作是大逆不道的异端学说。中日甲午战争后,光绪皇帝决心革新政治,以康有为、梁启超等人为首的维新派思想家借此全面参与变法改革。他们批评洋务派改革没有抓到重点,"凡改革之事,必除旧与布新两者用力相等,然后可有效也。苟不务除旧而言布新,其势必将旧政之积弊,悉移而纳入新政之中,而新政反增其害矣"②。在他们看来,真正的改革应是"变器""变政""变事""变法"的全方位变革。进而,维新派思想家们在洋务派基础之上把眼光放在改革政治制度上,提出"开议院""兴民权",在中国建立"君民共主"的君主立宪国家。当然,无论从主观还是客观角度讲,戊戌变法的空想性大于操作性。如果说它的失败是一次顽固势力的反扑,那么清末预备立宪则重新捡起维新党人的路子,甚至在新官制改革、废科举等问题上较戊戌维新更为彻底。从《钦定宪法大纲》到《十九信条》,从开设咨议局到开放新闻自由,无论基于何种原因和目的,中国最高统治者们不得不在一定程度上放松专制统治。宪法政治、宪政国家等西方近代政治制度与思想进入中国政治精英和思想精英视野,他们把立宪与富强联系在一起,宪政救国成为一种当时乃至其后数十年间极具

---

　　①　《郭嵩焘奏稿》,岳麓书社,1983 年,第 345 页。

　　②　汤志钧编:《康有为政论集》,中华书局,1981 年,第 238 页。

吸引力的政治口号。然而与戊戌维新极为相似的是,清末新政改革依然受到顽固势力的打压。皇族内阁等政治闹剧让人们意识到,扫清专制统治已经非常必要,因此在辛亥武昌起义爆发之后的数月内,清王朝迅速崩塌,旨在反对君主专制统治的立宪改革方案彻底失败。

当代美国汉学家吉尔伯特·罗兹曼认为,清王朝倒台的一个重要原因是:"国家最高领导本来是可以力挽狂澜,扭转政府各方面衰败的。但清廷统治者却没有试图充分利用国家手中的现有资本,给自己发展出强大而有活力的政治机构来获取王朝或全民的目标。他们失去了这种本事。晚清统治者在危机面前是满腹狐疑,犹豫不决,穷于应付,在现代化方面实在谈不上有助于任何问题的解决","政治结构成了一堆废物,对于现代化道路上任何有意义的行动,它都毫无作用"。①简单说来,王朝统治的行政能力丧失殆尽,无法适应现代化需要,要改变这一局面,则有必要重新建立起一个新的合法、有效的政权。

与君主立宪派相似,孙中山等革命党人也倡导反对专制,致力于推动中国政治制度的变革,而二者本质的区别在于,后者希望通过暴力革命的方式,彻底推翻君主制度,在中国建立起新的共和国家,他们把问题直指清王朝的腐朽统治。孙中山的"三民主义"思想旨在推翻专制统治、建立民主共和国以及发展民生经济。建设共和国成为他们最为关心的问题。辛亥革命在政治意识形态上破除了君权观念,倡导主权在民的自由平等思想。此外,在政治制度的具体设计上,以宪法为核心的宪政体制成为首选,宋教仁认为,国家权力机关的运行方式能够深刻影响国家的强弱,而"美利坚合众之制度,当为吾国他日之模范"②。他希望在中国建立起责任内阁,并实行政党政治,国家权力应出自议会,把议会作为政治活动的中心, 政治权威是非人格化的宪

---

① [美]吉尔伯特·罗兹曼主编:《中国的现代化》,"比较现代化"课题组译,江苏人民出版社,2003年,第188~189页。

② 《宋教仁集》(第1册),湖南人民出版社,2008年,第427页。

法,如此,人治的专制统治便彻底失去生存空间。然而现实的发展并没有走向他们理想的预期,中国社会没能向着他们构建的理想蓝图迈进。袁世凯打压革命党人,而在他复辟失败病故后,各路政治强人凭借经济、军事实力堂而皇之地介入国家政治,中国社会重新陷入停滞。

(三)知识型变革阶段

在中国建设西式共和国的理想遭到沉重打击后,人们不得不再度反思,是什么原因让中国的专制统治如此根深蒂固,以致对于绝大多数普通民众而言,强人统治仍被看作是理所应当的事情。无论是改良主义者还是革命党人都面临着同样的问题:那些在英、美、法、日皆行之有效的政治体制何以在解决中国问题上毫无效果? 一些人开始把目光从关注国家政治建设问题转向思考中国文化、中国社会乃至中国人的问题上来。20世纪20年代,中国的思想文化进入了一个新的活跃期,新式知识分子举起科学、民主两面旗帜,掀起一股新文化运动。需要说明的是,在这场运动中,各种思潮并起,因此很难为它作一种精准的定义,我们姑且仍作一种宏观勾勒,在此基础上作一定程度的剖析。

众所周知,新文化运动的主要旗手如陈独秀、胡适、钱玄同、刘半农等人深刻批判中国传统文化,特别是儒家文化,他们提倡全面学习西方现代文化。用陈独秀的话讲:"(孔教之)根本的伦理道德,适与欧化背道而驰,势难并行不悖。吾人倘以新输入之欧化为是,则不得不以旧有之孔教为非;倘以旧有之孔教为是,则不得不以新输入之欧化为非。新旧之间,绝无调和两存之余地。"[①]又如胡适言:"孔教的问题,向来不成什么问题;后来东方文化与西方文化接近,孔教的势力渐渐衰微,于是有一班信仰孔教的人妄想用政府法令的势力来恢复孔教的尊严;却不知道这种高压的手段恰好挑起一种怀疑的

---

① 《独秀文存》,安徽人民出版社,1987年,第660页。

反动。因此,民国四五年间的时候,孔教会的活动最大,反对孔教的人也最多。"①从某种意义上讲,他们的观点带有激烈的反传统情绪,并将"西化"作为解决问题的方法。林毓生对此评价道:"20世纪中国思想史最显著特征之一,是对中国传统文化遗产坚决地全盘否定的态度的出现与持续",其"直接历史根源,可以追溯到本世纪中国现代知识分子起源的特定性质,尤其可以追溯到1915—1927年五四运动时代所具有的特殊的知识倾向","所以我们完全有理由把它说成是全盘的反传统主义。就我们所了解的社会的文化变迁而言,这种反崇拜偶像要求彻底摧毁过去的一切思想,在很多方面都是一种空前的历史现象"。②在这样的思想情绪指引下,"全盘西化"成为思想家们关注的新问题。出于直觉主义的考虑,"西化"大约等同于"现代化",而现代化是中国的唯一出路。对此,我们有必要从反向立场继续解释。在激进的西化派之外——如果笼统地将陈、胡等人划在其中的话——另一些思想家如章士钊、张东荪、梁漱溟等人则更愿意坚守本土文化,审视所谓的"西化",他们被视为文化保守主义者。

在思考东西方文化和社会问题上,首先对西化观点提出一个前设性的质疑:西化论者们是否非常清楚东西方文化的根本差异?如果弄不清这个问题,那么"西化"就没有根基。其次,西化是否意味着全盘抹杀中国旧有文化?最后,即便现代化是中国未来的出路,那么"西化"(或"欧化")是否完全等同于现代化?诸如这类问题渐渐为双方的思考和辩论开辟了广阔的空间。中国近代思想,包括政治思想,无论是出于现实需要还是纯粹的理论思辨,都向着现代性知识和话语不断趋近。中国的问题绝非单纯的技术问题、军事问题或者政治问题,而是如何在现代化的裹挟中通过改造自身而逐渐适应它。从洋务运动到新文化运动,思想家们逐渐形成了某种共识,即构建起符合现代

① 《胡适哲学思想资料选》(上册),华东师范大学出版社,1981年,第128页。
② [美]林毓生:《中国意识的危机——五四时期激烈的反传统主义》,贵州人民出版社,1988年,第2~6页。

公共生活要求的政治知识系统和价值系统是破解中国社会发展停滞的正确选择。

二、变迁背后的两个转向

(一)从关注国家问题转向对个体的关切

与中国近代早期政治思想家的理论偏好不同，近代西方思想史中的思想先进们几乎不约而同地首先把视角锁定在对个体问题的关注上，它往往并不直接涉及民族、国家等宏大叙事，而主要指向了个体理性、自由、权利或个体与国家的关系等方面。这种从个体到社会的理论思路逐渐成为以自由主义政治哲学为主流的西方政治学说的一般逻辑。事实上，一些中国思想家也逐渐认识到这点。严复可谓是中国最早解说国家与个人的关系问题的思想家之一，早在甲午年间，他便讲："西洋之言治者曰：国者，斯民之公产也。王侯将相者，通国之公仆隶也。"[1]随后，他在《法意》《群己权界论》等译著中阐述对平等、自繇(自由)等概念的认识。辛亥前后，在立宪派与革命派关于中国前途问题的论战中，梁启超率先将视角落实到人的问题上来，他曾讲："吾以为不患中国不为独立之国，特患中国今无独立之民。故今日欲言独立，当先言个人之独立，乃能言全体之独立。"[2]继而，提出了他的"新民"思想。"新民云者，非欲吾民尽弃其旧以从人也。新之义有二：一曰淬厉其所本有而新之；二曰采补其所本无而新之。二者缺一，时乃无功。"[3]在他看来，中国人需要通过"淬厉其所本有"(继承固有文化的精髓)和"采补其所本无"(吸纳

---

① 《严复集》(第1册)，中华书局，1986年，第36页。
② 《饮冰室合集》(文集之五)，中华书局影印本，1989年，第44页。
③ 梁启超：《饮冰室合集》(专集之四)，中华书局影印本，1989年，第5页。

西方新思想)培育自由独立的人格。在这一时期里,除了我们通晓的思想家之外,中国的报纸上亦出现大量关注和宣介个人权利的文章。如有人撰文道:"(中国人)数千年固不知民权二字为何物也,骤以民权之说相提倡,其不指为大逆不道者几希,欲竟其说,谁为卒听乎? 至于听者无人,其说之不昌也。"①还有人讲:"权利在手则生,不在手则死,到了生死关头,方知道天地间再没有比权利大的了","今日非竭力保守权利必不能立于地球之上,非使中国人人都有保守权利的能力,必不能救中国之危亡"。②他们看到权利对个人和国家的意义,因为"今日之世界,一权利竞争之世界也。故其国民权利思想愈发达,则国愈强,反是者必为人所制,而陷于危亡"③。

发展到新文化运动前后,自由、权利等关乎个体问题的政治概念已经成为政治常识。赞同西化的知识精英们提出的批评旧道德、提倡新道德;反孔学、倡新学等所有主张无不首先指向个人。在这场"被看成是预示着并指向一个古老民族和古老文明的新生的运动"④里,知识启蒙、思想解放、人文关怀等源自西方历史传统中的重要概念变成中国的时代标签,个人最终成为思想家们思考和相互辩论的中心议题。

(二)从注重政治现实转入关注政治知识

近代政治思想变迁的背后几乎都有其特定的政治景象。在早期大多数时间里,思想家们总是费尽心力地解决现实问题。虽然他们不断地接纳、改造西方政治知识,但从知识发生本身而言,中国近代政治思想显然不具备稳定性。因为作为一种知识的增量,政治思想的发展动力绝不只是源于现实刺激,知识的自身特点决定了它必然带有超验性。思想家们固然总是带着历史

---

① 清凉散士:《论民权之说以驳愈明》,《选报》第 39 期,1902 年 12 月 30 日。
② 崇实:《说权利》,《云南》第 8 号,1907 年 8 月 25 日。
③ 攻法子:《英人之权利思想》,《译书汇编》第 2 年第 9 期,1902 年 12 月 10 日。
④ 欧阳哲生、刘红中编:《中国的文艺复兴》,外语教学与研究出版社,2001 年,第 181 页。

的痕迹进行思索,而这并不意味着需要永远对着现实说话。也正是因为思想家们逐渐认识到问题所在,在承担启迪民智的责任的同时,他们更加注重政治知识的丰富和完善。康有为、梁启超、孙中山等人都有自己一套比较完整的政治学说,特别是中山先生的"三民主义"还成为后来国民政府的官方意识形态。到新文化运动时,思想家们围绕着自由、民主、宪政、法治等现代政治话语各自构建自己的理论系统。西化派思想家们自不待言,即便是所谓保守主义者,对自由、民主等问题也有相当的认识,他们也愿意在这样的话语逻辑中审视中国问题。例如,新儒家的思想代表人物,梁漱溟关于民主和自由的认识便很符合其固有含义。"民主"在梁漱溟看来即:"凡事大家开会讨论商量,共同取决,是谓民主。其中包含平等、讲理、尊重多数之三点。民主之民,指多数人而言。民主之主,则有从多数人的主意,以多数人为主体,由多数人来主动,三层意思","凡一事牵涉到大家,不是一个人的事,当然大家商量决定。然若于大家无涉的个人私事,大家(团体或国家)亦要干涉他,似亦不合理。于是就有尊重'个人自由'之一精神"。①另一位被视为"玄学鬼"的思想家张君劢甚至成为民国时代最具影响力的宪政理论家。他提出"修正的民主政治"作为其宪政思想的精髓,旨在修正民主与独裁两种统治形式的缺陷,认为在民主的国家里,"宪法所规定的是国家权力如何确立与如何限制"②。民主秩序要依靠宪法和法律落实,人权也需要它作保障。

　　总之,虽然中国没有在一开始便走西方政治现代化的固有路径(即从知识到现实),然而中国近代政治思想已经明显出现了理论倾向的重大转型,即从关注现实转向理论思辨。新文化运动之后,思想家们已经普遍具备现代政治知识和思维方式,他们在知识层面的不断努力使得中国政治思想发生现代化转型成为可能。

---

①　《梁漱溟全集》(第6册),山东人民出版社,2005年,第125页。

②　张君劢:《宪政之道》,清华大学出版社,2006年,第142页。

第二节

近代政治伦理思想变革的两个基本向度

一、从道德哲学到政治哲学：政治伦理变革的话语转换

道德哲学和政治哲学共同指向了某个社会共同体中各主体之间的关系，无外乎表现为群体与群体、个体与个体、群体与个体的交互行为及其衍生的价值意义，其论域界限并不是十分清晰。因此，中国传统政治伦理是古代公共生活所包含的道德哲学与政治哲学的对立统一。然而在讨论中国政治伦理变革问题时，必须将二者进一步加以辨别。这是由中国传统政治思想泛道德化的基本特征所决定的，应当厘清哪些属于"道德性的"，哪些属于"政治性的"。这种分析方式有助于限定讨论范围，明确分析对象。更为重要的是，它并非主观臆想，而是恰恰契合了近代中国政治伦理变革话语逻辑向度上的本质特征。大体表现为以下四个方面：

(一)政治秩序构建的话语表述

以儒家学说为基础的中国古代政治伦理思想中关于政治秩序的表述非常丰富。天命、天道观等思想皆是阐释统治者权力来源、政治秩序构建的重要学说。早在夏商时期，天是万物的本源，特别是国家产生的来源。故有："天命玄鸟，降而生商"(《诗经·商颂·玄鸟》)，"天命多辟，设都于禹之绩"(《诗经·

商颂·殷武》)等传说。此时,人们对天、天命的认同是无条件的,敬畏天命是一种宗教性的自然感召。及至两周,先民们在承认天命、天道的权威基础上拓展其道德意涵。"有命自天,命此文王,于周于京。"(《诗经·大雅·大明》)同时,天还是道德之天。如:"先王之令有之曰:'天道赏善而罚淫。'"(《国语》卷二周语中)"天道无亲,唯德是授。"(《国语》卷十二晋语六)此处,"善""淫""德"都是对统治者行为的道德判断,都赋予天道以道德意涵进而将对天的信仰与对人的道德考察关联在一起。概言之,政治秩序构建的伦理基础是道德。有德,其统治便受与天命、承袭天道,国家政治秩序构建和运行便具备合法性,反之则无。其后如孟子、董仲舒等几乎所有的儒学思想家都延续着"天—德—人"的道德哲学逻辑话语表述王朝政治秩序构建。

近代以降,思想家们在思考政治秩序构建及运作时不再把天命授受作为现实考量,甚至激烈批判统治者。在他们看来,君主专制的政治秩序根本上就是不道德的。严复讲:"秦以来之为君,正所谓大盗窃国耳。"[1]谭嗣同也批评道:"竭天下之身命膏血,供其盘乐怠傲,骄奢淫杀,滥纵百官,传之世世万代子孙。"[2]孙中山尖锐地指出中国社会落后的根本原因在于清王朝的专制统治:"中国积弱,非一日矣! 上则因循苟且,粉饰虚张;下则蒙昧无知,鲜能远虑……盖我中华受外国欺凌,已非一日。皆由内外隔绝,上下之情罔通,国体抑损而不知,子民受制而无告。苦厄日深,为害何极!"[3]思想家们从君主德行和专制政治秩序两个方面展开攻势, 他们将整个政治共同体作为分析对象。在他们看来,政治秩序的道德意义由公共生活品质优劣程度所决定。受西学浸染,思想家们自觉地运用现代政治伦理观念评价当时的政治秩序,"兴民权""人人各得自由""君民平等""天予之人权"等主张被认为是构建新政治秩序的伦理基础,其话语表述中的政治哲学隐喻十分清晰。

---

① 《严复集》,中华书局,1986 年,第 35 页。

② 《谭嗣同全集》(增订本),中华书局,1981 年,第 339 页。

③ 《孙中山全集》(第 1 卷),中华书局,2011 年,第 19 页。

（二）政治人格培育的话语表述

中国古代政治人格培育的伦理基础源于由儒家心性论推导出的内圣外王之学。关于心性的讨论是先秦思想家关注的重要命题，然而随着王朝延续，以孟子为代表的性善学说占据主流。"人性之善也，犹水之就下也。"（《孟子·告子上》）其核心是"人皆有不忍人之心"（《孟子·公孙丑上》），人之所以区别于禽兽就是有颗"不忍人之心"。性善出于人的本质，即孟子所谓的"良知""良能"。进而，人人都天然地具备道德感，固有"圣人，与我同类者"（《孟子·告子上》）"尧舜与人同耳"（《孟子·公孙丑上》）。将这种道德感拓展到政治生活领域，即成就了道德化的政治人格。及至两宋，二程、朱子在继承思孟学派心性论基础上极力推崇《大学》其蕴含的内圣外王观念。"自天子以至庶人，壹是皆以修身为本"（《大学》）的观念强化了政治人格培育过程中的道德内核。朱熹所谓"三纲领"中"明明德""亲民"即是内圣之学，由此实现"止于至善"的外王境。"八条目"中"格物""致知""诚意""正心"乃是内圣的养成路径，"齐家""治国""平天下"则是外王的实践结果。由此可见，古代政治人格的伦理基础依然强调个体德性，尤其要符合儒学道德判准。

近代思想家在思索政治人格培育时也强调德性，与传统观念不同，他们所讲的德性是服膺现代政治价值系统的公民美德。公共生活框架内的自由、权利等政治哲学概念等无疑是公民美德的核心要素。梁启超言："自由者，天下之公理也，人生之要具，无往而不适用者也。"①包括公共生活在内的一切生活，都需要以自由为依托。又言："自由权又道德之本也。人若无此权，则善恶皆非己出，是人而非人也。"②在他看来，拥有自由权的人才可能真正具备道德感，而且梁任公语中"道德"并不能简单地归结为"不忍人之心"或"内圣"。一个符合儒家道德判准的人与是否具备健全的政治人格没有直接关

---

① 梁启超：《饮冰室合集》，中华书局，2015 年，第 1239 页。

② 同上，第 561 页。

联。陈独秀则更为激烈地批评儒家伦理,他讲:(孔教)"根本的伦理道德适与欧化背道而驰,势难并行不悖。"①"要拥护那德先生,便不得不反对孔教、礼法、贞节、旧伦理、旧政治。"②也就是说,儒学伦理道德是塑造现代政治人格的最大障碍,必须摒弃。近代思想家凡此种种类似观点不一而足。由此可见,政治人格培育作为政治伦理系统中的一项重要内容,传统内圣外王的道德话语逻辑在这一时期被彻底颠覆,取而代之的是通过政治话语表述方式构建起来的诸多元素逐渐被国人接受,成为政治人格培育的伦理基础。

(三)政治主体关系的话语表述

中国古代政治主体如果从人格化维度划分,主要包括君主、官僚、民众。他们之间的交互关系共同构成主体关系的基本格局。"天下国家一体也。君为元首,臣为股肱,民为手足"(《申鉴·为政第一》),是古代思想家对三者关系的形象比喻。对于每个人都有着类似的道德约束,其核心便是"仁"。故有:"孝悌也者,其为仁之本欤"(《论语·学而》),"樊迟问仁,子曰:爱人"(《论语·颜渊》)。又有:"君仁莫不仁,君义莫不义,君正莫不正。一正君而天下定矣。"(《孟子·娄离上》)思想家们的理想是基于儒家等差之爱,实现为君者仁爱,为臣、为民者忠孝的和谐政治伦理关系。仁、义、礼、信、忠、孝、爱等诸多道德信条通过推己及人的方式勾勒出一幅由近及远散射出去的没有边界的道德蓝图,虽然在道德实践和政治实践中从未出现过如此格局。可以说,思想家们在考察政治主体伦理关系问题上已将他们对于道德哲学的想象发挥到了极致。

近代思想家看待政治主体间关系时则重新定义了君主、官僚和民众。除了在政治生活中身份角色上的差异,不再有"大人""小人""君子""野人"之道德意义上的划分,但独立、平等、自由仍是所有政治主体的共同本质。正如

---

① 《独秀文存》(第3册),外文出版社,2013年,第48页。
② 《独秀文存》(第2册),外文出版社,2013年,第362页。

康有为言:"天之生物,人最为贵,有物有则,天赋定理,人人得之,人人皆可平等自立。"①又如,严复讲:"彼西人之言曰:唯天生民,各具赋畀,得自由者乃为全受。"②在肯定了主体间新的角色身份之后,其伦理关系则需要另一种模式加以规制,即权利与义务。维新派思想家们所谓的君权、国权、民权、绅权等概念皆有特定政治主体对于他者拥有权利之意。反言之,各政治主体依据权利承担相应的义务。他们主张的政治主体间权利与义务关系并非传统意义上的道德性,而是政治性。因为在近代思想家那里,政治生活不同于私人生活或家族生活,有其严格的边界,它仅仅指向公共权力作用的空间。在此空间内,各政治主体间应具备完整的权利义务关系,它并非出于道德想象,而是源于政治实践。那些实践中抽象出来的权利义务规则自然包含了政治伦理意义。

(四)政治主体行为的话语表述

中国古代政治主体的行为选择大致遵循着天理人欲之辩的道德话语逻辑展开。儒家思想谱系中,道义始终具有绝对的优先性。宋明以来,思想家们将由道义衍生出的"理"放置在本体论意义上考量。如"天者,理也"(《河南程氏遗书》卷十一),"理便是天道也"(《河南程氏遗书》卷二十二上)。天理是万物形成的终极原因。朱熹也讲:"有此理,便有此天地,若无此理,便亦无天地。"(《朱子语类》卷一)按照他们的说法,人的存在及其政治行为方式也由理决定和规制。合乎理的便是正当,违背理的则是人欲,不具备正当性。故有:"同是事,是者便是天理,非者便是人欲。"(《朱子语类》卷四十)人是社会存在物,在古人看来,包括政治行为在内的一切行为都依赖于人的道德理性,存天理、灭人欲是所有人面临的道德任务。所以朱熹曾规劝皇帝说:"自今以往,一念之萌,则必谨而察之,此为天理耶,为人欲耶?果天理也,则敬以

---

① 康有为:《孟子微》(卷1),中华书局,1987年,第7页。
② 《严复集》(第1册),中华书局,1986年,第2页。

扩之……果人欲也,则敬以克之。"(《朱文公文集》卷十四)具体到政治行为
选择中,"义者,天理之所宜;利者,人情之所欲"(《四书章句集注·论语集注
卷二》)。所以重义轻利、先义后利是理学家们评判政治行为的道德哲学逻
辑。及至晚清,以理学为基础的道德哲学依然深刻影响着国家政治生活及政
治主体的行为选择。

近代以来,国家内忧外患,在救亡与启蒙成为主要议题时,思想家们显
然不能再用天理、人欲对政治行为作简单的道德衡量。现实政治困境使他们
不得不重新思考政治行为的正当性。以往被看作违背天理、大逆不道的行为
在变革时代成为可能且具有了道德意义。一个显见的例子是,倡导民主革
命。邹容言:"革命者,天演之公例也;革命者,世界之公理也;革命者,争存争
亡过渡时代之要义也;革命者,顺乎天而应乎人者也;革命者,去腐败而存良
善者也;革命者,由野蛮而进文明者也;革命者,除奴隶而为主人者也。"[1]按
他的说法, 革命不仅是救亡图存的时代要求, 在道德上也 "顺乎天而应乎
人"。又如陈天华讲:"中国未有于一朝之内,自能扫其积弊者也;必有代之者
起,予以除旧布新,然后积秽尽去,民困克苏;不革命而能行改革,乌头可白,
马角可生,此事断无有也。"[2]他从现实考察,论证了革命行为的正当性。总
之, 大变革时代政治主体行为的伦理意义注定在传统与现代观念之间倾向
后者。传统道德哲学话语逻辑已经无法继续作为主体行为的伦理依据,政治
伦理思想变革无疑受制于现实层面的社会背景和政治抉择。

二、从王权主义到现代政治:政治伦理变革的价值转型

除了话语表述范式的转换, 传统政治伦理变革还为我们呈现出价值观

---

① 邹容:《革命军》,转引自方敏等:《中国近代民主思想史》,人民出版社,2014 年,第 141 页。
② 《陈天华集》,湖南人民出版社,1958 年,第 18 页。

念维度的转型。19世纪晚期以来,随着中国现实政治变革,旧有的伦理基础逐渐消解,取而代之的是带有明显现代政治倾向的价值观念系统。思想家们大倡现代政治伦理观,此时政治伦理现代化流变较之现实政治发展甚至具有一定程度的超前性。政治秩序合法性基础、政治人格理想样态、政治关系重新搭建以及政治行为基本依据都被纳入思想家们的考察范围。简言之,近代政治伦理系统价值转型的根本特质是从传统王权主义向现代政治变革。具体表现如下:

(一)自由民主取代王权政治成为政治秩序建构的伦理基础

政治秩序建构往往依托某种关于公共权力合法性论证的理论学说作为其道德依据。中国古代王权政治生活里,君主作为政治权力的所有者,一切伦理原则均围绕树立其权威展开论证。固有天命说、天道论、道统论、君师一体说等诸多阐释君主权力来源正当的思想学说鳞次栉比、不一而足。古代政治秩序表现为君主、国家、民众三者之间的结构安排。国家、民众是君主的私产。君主竭尽全力保护私产,则要尽可能地治理好国家,而政治实践经验告诉他们,重民、养民、教民、驭民是治理国家的有效手段。按照这种逻辑,古代理想的政治秩序图景是:受命于天、承袭道统的贤君以民为重施行仁政,民众服膺君主权威,国家治理井然有序进而达到天下为公的大同境界。然而历史经验告诉我们,理想图景观照现实政治是极为困难的。基于人性的有限慷慨和智识偏见,所谓圣王、有道贤君只存在于道德期待和理论想象之中。退一步讲,即便存在圣王,那种以君主为终极目的的政治秩序建构逻辑排斥了国家和民众的道德意义,二者均为彰显君主价值的手段,本质上讲的是"私"、是"分别"、是"贵贱"。我们姑且不将传统与现代的政治秩序伦理价值作比较排序,仅从中国古代政治秩序伦理价值诉求来看,这种结果也与其初衷背道而驰。

近代思想家在处理君主、国家、民众三者关系上摒弃传统思维,重新思索权力合法性基础,以及据此构建起的政治秩序样态。政治秩序应以公共性为基础和归宿,因此他们不再以君主作为思考的起点,而是以国家公器为载体,重新定位君主和民众的身份角色。严复有一段关于中西方君主与民众的比较尤具代表性:"盖西国之王者,其事专于作君而已;而中国帝王,作君而外,兼以作师……夫彼专为君,故所重在兵刑。而礼乐、宗教、营造、树畜、工商,乃至教育文字之事,皆可放任其民,使自为之。中国帝王,下至守宰,皆以其身兼天地君亲师之众责。兵刑二者,不足以尽之也……卒以君上之责任无穷,而民之能事,无由以发达……而其于国也,无尺寸之治柄,无丝毫应有必不可夺之权利。"①按照严复的说法,中国古代帝王垄断政治、知识、伦理等所有权力,民众应有的权利资格尽被剥夺,与西方国家大相径庭。进而他明确主张塑造符合现代思维的政治秩序,国家是民众的公产而非君主私人物品,无论是君主还是官僚皆是服务于国家的"公仆隶",君主的权力来自民众。强调"侵人自由,虽国君不能,而其刑禁章条,要皆为此设耳"②。中国只有做到如西方一样"以自由为体,以民主为用",才能真正达到尚贤、隆民,以公治天下的目的。同样的,梁启超甚至重新定义了民众,将其称之为"国民":"国民者,以国为人民公产之称也。"而"国者,积民而成,舍民之外则无有国。以一国之民,治一国之事,定一国之法,谋一国之利,捍一国之患,其民不可得而侮,其国不可得而亡"③。国家是国民的公产,而非一家之私产,国民是国家的主人,掌握国家主权。与严复类似,梁启超也形容君主和官员是国家的"公奴仆"。此外,国民的"自营"能力应受到保护。"凡人民之行事,有侵他人之自由权者,则政府干涉之。苟非尔者,则一任人民之自由,政府宜勿过问也。"④从严复和梁启超的观点不难发现,近世思想家们在理解和阐释政治秩序时不

---

① 《严复集》(第4册),中华书局,1986年,第928~929页。

② 中国史学会主编:《中国近代史资料丛刊》,上海人民出版社,2000年,第158页。

③ 梁启超:《饮冰室合集》,中华书局,2015年,第291~292页。

④ 同上,第861页。

再以君权天授、道统承袭作为伦理依据,而是通过重新定义国家、君主、民众三者关系,将自由民主融入权力合法性基础论证之中,突出国家公共性的本质,现代政治价值观念成为国家政治秩序建构的伦理基础。

(二)国民代替君子成为政治人格培育的理想样态

人是政治生活的行动主体,给予政治活动中的人以某种人格假定是所有政治伦理思想必备要素之一。中国古代思想家们基于各自的理论学说,从性善与性恶、性分等级等维度赋予政治活动中的人以不同的道德意义。经过长期的政治实践,逐渐得到关于政治人格的基本共识,即"君子"不仅是关于理想人格的道德期待,也是一种政治人格假定。古代政治等级结构将人区分为君子(大人)与野人(小人)。古代人相信,只有具备相当道德水准的人才有资格从事政治活动。故有:"君子义以为质,礼以行之"(《论语·卫灵公》),"道礼义者为君子……而违礼义者为小人"(《荀子·性恶》),"无君子,则天地不理,礼义无统,上无君师,下无父子,夫是之谓至乱"(《荀子·王制》)。在政治实践中,君王、士人甚至普通百姓都被视作可能承载君子人格的选项。换句话讲,君子作为政治人格假定,贯穿于古代王朝等级结构之中,型塑了各等级中行为主体的道德共识。

近代思想家们彻底颠覆王朝等级结构所要求的政治人格样态,赋予其新的道德意义和能力期待。他们从群体生活能力看待政治人格塑造,如梁启超言:"人人独善其身者谓之私德,人人相善其群者谓之公德,二者皆人生所不可缺之具也。无私德则不能立……无公德则不能团。"[1]中国传统政治伦理与现代政治伦理的区别在于"旧伦理所重者,则一私人对于一私人之事也。新伦理所重者,则一私人对一团体之事也"[2]。显然,梁启超更看重后者:"道

---

[1][2]　梁启超:《饮冰室合集》,中华书局,2015 年,第 4994 页。

德之立,所以利群也。故因其群文野之差等,而其所适宜之道德,亦往往不同,而要之以能固其群、善其群、进其群者为归……道德之精神,未有不自一群之利益而生者。"①在他看来,道德之所以有意义,是人类必须过群体生活决定的。"固其群""善其群""进其群"既是道德要求也是一种实践能力。私德与公德的区分意指将政治伦理问题放置在政治生活中考量,这与古代思想家思考方式完全不同,修齐治平的君子培育进路与现代人私德、公德培育方式更是大相径庭。梁启超心中兼具私德与公德的"新民"即是他对理想政治人格的设想,并且相信能够通过"淬厉其所本有"(向传统学习)、"采补其所本无"(向西方学习)塑造起来。孙中山对国民的政治人格也有明确的看法,他曾反复强调:"我们要造成一个好国家,便是要人人有好人格。"②"要正本清源,自根本上做工夫,便是在改良人格来救国……造成顶好的人格。人类人格既好,社会当然进步。"③他强调"公共心"的重要,"今日由旧国家变为新国家,当铲除旧思想,发达新思想。新思想者何? 即公共心"④。公共心的基本指向是"替众人服务",他讲:"现在文明进化的人类觉悟起来,发生一种新道德,这种新道德,就是有聪明才力的人,应该要替众人服务。这种替众人服务的新道德,就是世界道德的新潮流。"⑤由此可见,在近代思想家那里,作为政治行为主体的人在公共生活中的理想样态侧重于公德塑造。它不仅要求个体道德素质的提升,更注重由个体道德向群己关联维度上的政治伦理要求转换,他们心中的政治人格乃是具备个体道德与公共意识,能够过现代公共生活的理想国民,理想政治人格的核心为独立、平等、自由。因此,康有为讲:

---

① 梁启超:《饮冰室合集》,中华书局,2015 年,第 4997 页。
② 《孙中山全集》(第 9 卷),中华书局,2011 年,第 242 页。
③ 《孙中山全集》(第 8 卷),中华书局,2011 年,第 319 页。
④ 《孙中山全集》(第 6 卷),中华书局,2011 年,第 56 页。
⑤ 《孙中山全集》(第 10 卷),中华书局,2011 年,第 156 页。

"人人独立、人人平等、人人自主。"①梁启超也有:"自由者,天下之公理,人生之要具,无往而不适用者。"②诸此种种,不一而足。

(三)承认权利否定纲常名教,型塑政治主体间关系新格局

对理想政治人格假定的认识直接关系公共生活中各行为主体间相互对待的基本方式及其背后的道德原则。传统王朝逻辑中,政治等级结构决定了君主、官僚、民众之间基于依附关系建立起来的人际交互模式。始于汉代及至宋明,"纲常"论、"天理"论一直是为规范人际关系的官方话语。董仲舒以"阴阳说"类比君臣、父子、夫妇之道义,言:"君臣、父子、夫妇之义,皆取诸阴阳之道。君为阳,臣为阴;父为阳,子为阴;夫为阳,妻为阴。"(《春秋繁露·基义》)进而又言:"臣子之于君父,其义一。"(《白虎通义·诛伐》)"夫臣之事君,犹子之事父。"(《白虎通义·朝聘》)朱熹更是将"天理"上升至万物本源、自然法则的高度,并以之论证政治生活中的人际关系。"宇宙之间,一理而已……其张之为三纲,其纪之为五常,盖皆此理之流行,无所适而不在。"(《朱文公文集·读大纪》)"盖三纲五常,天理民彝之大节,而治道之本根也。"(《朱文公文集·戊申延和奏札一》)他认为,纲常伦理是政治生活品质的根本保障。在此基础上,"理一分殊"是对天理观的进一步说明,理是合一的,而它在不同层面又有着各种表现方式,"道理同,其分不同。君臣有君臣之理,父子有父子之理"。(《朱子语类·卷六》)亦即不同政治主体之间应遵循各自的伦理规范行事,各有其道义要求,最终搭建起一整套完整的不平等的人际交互模式。

中国古代的整套纲常名教建立在对人分等级的假定之上,这也是近代以来诸思想家们极力批评的核心观点。他们试图站在现代政治人格假定的

---

① 《康有为全集》(第5集),中国人民大学出版社,2007年,第423页。
② 梁启超:《饮冰室合集》,中华书局,2015年,第5022页。

立场上重新构建公共生活中的人际关系。谭嗣同旗帜鲜明地提出"冲决君主制网罗""冲决伦常之网罗",他认为君臣之间并无高低贵贱的分别,只是社会分工不同。"生民之初,本无所谓君臣,则皆民也。民不能相治,亦不暇治,于是共举一民为君。"①因此,并不存在谁应当依附谁,忠于谁的问题,更不能将君臣关系拓展到父子血亲关系上。而且,父子、夫妇之间也是自然规律确定的,不存在等级意义上的道德责任,所谓"三纲"皆是"至暴乱无理之法"。严复在《辟韩》中指出古代君王对待民众"必弱而愚之,使其常不觉,常不足以有为……质而论之,其什八九皆所以坏民之才,散民之力,漓民之德者也……中国之民,其卑且贱,皆奴产子也"。在他的表述中,传统政治生活中,君主权力囊括一切,而民众不具备任何权利。这一时期,思想家们已经明确认识到个体自由、权利,认识到基于权利义务关系形成的主体间交往和对待方式对于提升公共生活品质的重要意义,其关键在重塑君民关系。康有为认识到:"君者,国民之代理人也。代理人以仁养民,以义护民,众人归心,乃谓之君。"(《孟子微》)严复、梁启超、谭嗣同等人也认识到,无论君民,人人应有自主权,权利义务对等。改变传统上权太重、民权尽失的局面,变君民依附为君民平等。通过改变主体间相互对待的方式,重新确立符合现代政治伦理价值倾向的主体间关系新格局。

(四)重视制度设计淡化人治德性,搭建主体行动选择的逻辑依据

政治伦理在规制公共生活中主体行动时具有价值引导的功能,即赋予人们对行动选择的依据进行估价与排序。古代政治生活图景下,人们把道德视为人生活的最高层次,道德至上的观念约束着君主、臣下乃至庶人的政治行为。由此衍生的一个认知是,道德水平高的人理应居统治地位。非乃如此,古代人还相信,以儒学为根底的道德意识甚至能够完全消解个人利益诉求,

① 《谭嗣同全集》(增订本)下,中华书局,1981年,第339页。

具有追逐、完善公共利益的旨趣，而且这种道德意识能够被受众感知，起到道德教化的作用。故有："子为政，焉用杀？子欲善，而民善矣"（《论语·颜渊》），"以德服人者，中心悦而诚服也"（《孟子·公孙丑上》），"君仁莫不仁，君义莫不义，君正莫不正"（《孟子·娄离上》）。由此，从"为政以德"到"政在得人"便具有贯通性，治理国家围绕人治与治人也完全合乎行动选择的逻辑。然而长期的政治实践表现出来的事实却是，道德水平高低与政治实践能力之间并不具备直接相关性，个人道德完备程度与满足公共利益之间也没有必然关联。更为关键的是，我们恐怕找不到一个基于人治图景的可靠办法去约束公共生活中所有参与主体不因为追逐个人利益而损害公共利益。事实上，良善的公共生活并不排斥行动主体对个体利益的追逐，而且是个体利益追逐的载体，只不过应在合理的框架内确定每个人的行动边界，古代思想家们对此认识则非常有限。

近代思想家们在思考该问题时将制度规则作为行为选择的依据。作为一种非人格化权威，它为公共生活中的参与者们提供了稳定的行动预期。不因掌权者和其他参与者的道德水平、价值偏好等偶然因素影响公共生活的品质。无论是维新思想家还是革命党人都摒弃依靠道德约束的人治，热衷倡导立宪政治。定立宪法、开设议院、施行分权等整套制度设计成为思想家们提出各种建国方案绕不开的议题。维新思想家们将其看作是建设富强国家的有效手段。康有为言："东西各国之强，皆以立宪法开国会之故……行此整体，故人君与千百万之国民，合成一体，国安得不强……吾国行专制政体，一君与大臣数人共治其国，国安得不弱？"[1]革命党思想家们则更希望颠覆皇权，实现主权在民。宋教仁在《国民党宣言》中写道："共和立宪国者，法律上国家之主权，在国民全体，事实上统治国家之机关，均由国民之意思构成之。国民为国家之主人翁。"[2]孙中山更是以实行宪法之治为目标，创设五权分立

---

[1] 《康有为政论集》（上），中华书局，1980年，第149页。
[2] 《宋教仁集》（下），中华书局，1981年，第747页。

制衡的权力框架。可见,立宪政治是近代政治思想发展的主流,从政治伦理角度说,政治参与主体的行为依据发生了转移。

三、激进的诠释:政治伦理转型结果及其反省

寻求富强无疑是中国近代历史叙事的逻辑主线, 从政治思想史发展维度观照近代政治伦理转型样态, 自然也离不开对该历史阶段宏观叙事的把握。在东西方思想会通的过程中,新旧之争、体用之争、玄科之争、保守与激进之争等思想议题贯穿思想史变迁始终。姑且不论各方争论的结果如何,以西学为标识的现代性话语必然是所有支持者或批评者的立论焦点。学界的基本共识是, 近代中国政治思想变革深受放眼看世界以来思想精英们对西学话语的理解能力和时代条件影响,其中当然包括对现代性话语的再诠释、诠释过度与诠释不足等智识创造结果。近代政治伦理思想转型也无法跳出近代政治思想史变迁的大叙事。综观思想家们整个诠释过程,社会进化论思维深刻影响着人们关于近代政治伦理的认知,值得进一步反省。

自斯宾塞社会达尔文主义传入中国以来, 许多思想精英们先是有如醍醐灌顶式地破除对传统知识的迷信,进而不假思索地热情拥抱它,甚至将物竞天择、适者生存完全等同于走向富强之唯一道路。杨度评价道:“自达尔文、黑胥黎等以生物学为根据,创为优胜劣败、适者生存之说,其影响延及于世间一切之社会,一切之事业,举人世间所有事,无能逃出其公例之外者。”[1]杜亚泉也有类似的担忧:“生存竞争之学说,输入吾国以后,其流行速于置邮传命,十余年来,社会事物之变迁,几无一不受此学说之影响。”[2]思想家们相信,当下所谓竞争是实力的竞争,最后强者胜出,赢者通吃。甚至梁启超也曾说过:“世界之中,只有强权,别无他力”;“强权云者,强者之权利之义也……

---

[1]　《杨度集》,湖南人民出版社,1986年,第220页。

[2]　《杜亚泉文存》,上海教育出版社,2003年,第343页。

天下无所谓权利,只有权力而已,权力即利也……强权与自由权,其本体必非二物也。其名虽相异,要之,其所主者在排除他力之妨碍,以得己之所欲,此则无毫厘之异者"。①按照他的说法,实力逾强,"权力"逾大,能够享受的"权利""自由"亦逾多。可见,此时的梁启超还没有理解西学话语中权力、权利的真实意义,更没有看到它们的普适性意涵。现代性的政治伦理话语中的权力与权利并不以实力为唯一根本依据,二者消长也不是正相关的关系。梁启超还停留在特权逻辑上,误将权力与权利理解为一枚硬币的两面。沿着他的说法,有人讲:"权利之作用何也?曰竞争、曰强制。竞争者,富强之兆也。人之生也,莫不欲充其欲望;夫欲望无限,则其所欲望之物亦无涯矣。土壤有限,生物无穷,则其所欲望之物,亦不能无尽。因之互相欺侮,互相侵夺,而竞争之理,于是乎大开。惟其竞争之烈,则人之思想智识发达而不遏,譬如镜磨之正所以助其明也。"②这种认识可以总结为:权利是满足人无尽欲望的手段,是竞争中对他人宰制的强力,甚至是人思想不断进步的动力。可非常遗憾的是,没有认识到权利的根本意义,即人与人之间相互良善对待的理据。显而易见,"竞争—进化—富强"思维模式已然成了当时思想界的时髦话语。

社会达尔文主义表现在政治伦理转型中的一个严重后果是:虽然近代政治伦理在实现政治话语转换上没有遇到太大障碍,但在援引现代政治修辞系统之后,过度诠释或诠释不足使得各种词汇的道德意义表现出明显的工具理性色彩,甚至还有不少概念认知的偏差和误会,最终造成与其最初试图构建的现代政治文明的伦理内核要义渐行渐远。孙中山讲:"我们决不要随天演的变更,定要为人事的变更,其进步方速。兄弟愿诸君救中国,要从高尚的下手,万莫取法乎中,以贻我四万万同胞子子孙孙的后祸。"③他提醒人

① 梁启超:《饮冰室合集》,中华书局,2015 年,第 4795 页。

② 张枏、王忍之:《辛亥革命前十年时论选集》(第 1 卷上),生活·读书·新知三联书店,1960 年,第 483 页。

③ 《孙中山全集》(第 1 卷),中华书局,2011 年,第 281 页。

们学习理解西方学说应达其本意,不加审视地盲从所谓天演,是贻后祸。事实上,他的预见被不幸言中,十几年后,民国的政治乱象不仅与政治伦理信条无关,而且恰恰是对那一整套试图塑造现代政治价值系统的伦理观念的极大嘲讽。当政治伦理的道德意义被激进地诠释为强权逻辑时,所谓"进化"便失去了道义标准,善能够进化,恶也能够进化。不但传统的君子人格彻底瓦解,现代国民人格也无法陶铸。恰如辜鸿铭讲:"当张之洞所教给中国文人学士和统治阶层的这种马基雅维利主义,被那些不如他高尚、心地不及他纯洁的人所采纳,诸如袁世凯这种天生的卑鄙无耻之徒所采纳的时候,它对中国所产生的危害,甚至比李鸿章的庸俗和腐败所产生的危害还要大。"[①]当极端的社会达尔文主义肆虐时,包括政治伦理在内的一切伦理价值似乎都黯然失色,它把社会共同体中的每个人都置于一个与道德无关的冷漠空间,自我保存是唯一值得追求的善品。权利、自由、平等所有信条都被严重异化,沦为强者们的伪善说辞。有人反省道:"近十年来,士大夫之知识虽稍有进步,而德性之衰落则日益加衰……独其中一二狡黠之徒,假公众义务之名,而为其私利侵蚀之计,托合群泛爱之事,而行其把持挠败之策。"[②]又有:"方清季初变法之时,爱国合群之名词,洋溢人口,诚实者未尝不为所动,久之而其用不灵矣……无论何种好名词,皆为今人用坏,不可救药,而世人犹以诈伪手段为能办事之信条,岂不哀哉。"[③]诸此种种,不一而足。

实际上,保持清醒头脑的思想者们看到中国社会的问题并不能归咎于社会达尔文主义思想本身,而是必须批判那种不假思索的全盘接受的错误态度。孙中山认识到:"人类之初时,亦与禽兽无异;再经几许万年之进化,而

---

① 《辜鸿铭文集》(上),海南人民出版社,1996年,第321~322页。

② 张枬、王忍之:《辛亥革命前十年时论选集》(第2卷上),生活·读书·新知三联书店,1960年,第366页。

③ 孙尚扬、郭兰芳编:《国故新知论:学衡派文化论著辑要》,中国广播电视出版社,1995年,第150页。

始长成人性。而人类之进化,于是乎起源。此期之进化原则,则与物种之进化原则不同:物种以竞争为原则,人类则以互助为原则。社会国家者,互助之体也,道德仁义者,互助之用也。"①社会进化有其自身独特规律,新旧嬗变是一个持续的过程。道德信条、政治修辞及其背后的价值属性是通过循序渐进的过程,逐步内植于社会成员意识之中进而成为主流价值观,激进只能导致价值观念诠释的庸俗化甚至异化。更为重要的是,社会进化是一种"文明"的进化,它时刻不能脱离人类道德意识,政治共同体变迁,也必然伴随其政治伦理革新,政治行为无论在何种阶段,失去伦理规制都会造成可怕后果。然而当时能够达到这样认识水平的人却寥寥无几。梁启超反省近代思想运动时曾言:"晚清西洋思想之运动,最大不幸者一事焉。盖西洋留学生殆全体未尝参加此运动。运动之原动力及其中坚,乃在不通西洋语言文字之人。坐此为能力所限,而稗贩、破碎、笼统、肤浅、错误诸弊,皆不能免。故运动垂二十年,卒不能得一健实之基础,旋起旋落,为社会所轻。"②

他的认识不无道理,任何思想家都受其知识背景、理解能力所限,而他们所倡导的思想学说内在的时代印记亦无法超越其客观历史条件。以今天的视角评价包括近代政治伦理转型在内的思想史变革话题,只有在同情之理解前提下重新与古人对话,才能将其曾经面对的话题继续思索下去。至少可以得出这样的认识,中国的政治伦理转型并不是已然完结的智识工作,它需要在多元共识的前提下,继续吸纳各方思想精粹,在继承与开拓、比较与批判过程中不断砥砺,以求其始终能够滋养中国现代政治文明发展。

---

① 《孙中山全集》(第4卷),中华书局,2011年,第231页。
② 梁启超:《饮冰室合集》,中华书局,2015年,第6838页。

第三节

近代启蒙运动中的反传统主义及其批评

中国传统政治秩序的破坏及其思想观念的变化极大影响了中国社会的
发展进程,人们对传统政治秩序和政治信仰产生了严重质疑。一个显见的事
实告诉我们,延续数千年以儒家思想为主要治国方略的政治制度及其作为
政治信仰的功能已经不再适应现代化的现实需要,中华帝国的政治制度和
政治信仰都已被迫发生变化。此外,现实政治变革所暴露出的严重问题说明
中国政治发展还远没有达到预期的效果。孙中山等真诚的革命者继续用实
际行动推动实践领域的变化,而一些更为激进的思想精英如陈独秀、胡适等
更主张与传统彻底决裂,把"西化"看作是解决中国社会发展问题的根本方
法。同时,以梁漱溟为代表的现代新儒学思想却对此提出质疑并给予我们另
一些独特的见解。

一、王朝体系的制度危机与信仰危机

所谓"制度"是一个复杂的概念,英国学者布瓦索这样定义它:"制度是
已有的社会惯例、结构的储存,通过这种储存,我们使集体记忆、表述、价值、
标准、规则等外部化。"①制度是一种集体认同,它确定了人类社会生活的秩

---

① [英]马克斯·布瓦索:《信息空间:认识、制度和文化的一种框架》,王寅通译,上海译文出版
社,2000年,第390页。

序,使在该秩序中生活的人们对自己和他人的行为规范、思想观念具有可靠的预期。制度一旦形成,它便依靠权力和知识维系。中国传统政治制度亦是如此,君主作为整个制度结构中的核心角色,他不仅掌握生死予夺的专断权力,也是真理的最高代表。两汉以降的历代王朝,大都愿意将儒家思想认作真理,并使其制度化从而通过权力对其加以维护。我们认同一种制度的合法性,一方面是对权力的恐惧,一方面是对真理的信服。然而清末民初的中国历史逐渐打破了这种局面。

清王朝末期,中央政府对包括国防、财政在内的各方面社会资源的整合和调动能力持续减弱。特别是经历了太平天国运动和庚子事件之后,中央政府对地方政府的控制力显著下降。此外,西方国家进一步加大了对清政府的控制,它逐渐沦为所谓"洋人的朝廷"。20世纪初叶开始的"新政改革"不仅没有改变这种局面,反而使其进一步恶化。最高统治者最终在与地方实力派和革命党人的斗争中败下阵来,西方也对其彻底失去兴趣。历史证明,传统儒家政治思想倡导的君主专制并不意味着效率,威权政府也不能够永远占据权威地位。传统儒家政治制度是失败的另一个强有力的证明即是清末科举制度的瓦解。我们都知道,科举制度是自隋唐以来中国选拔官吏的主要形式,宋明之后尤以考察准官员们对于儒学知识的了解程度为标准,逐步确定了"八股取士"的选材方案。这种选官方式使得学习儒学成为获得王朝官职的最重要途径,从某种意义上讲,儒家思想成为整个社会的普遍真理,甚至是唯一真理,并且由官方掌握对它的解释权,充分体现了专制权力与儒学这一真理性知识的暧昧关系。然而近代以来,科举制度的选官方式已无法适应中国社会的变化。饱读经书的官吏们面对来自西方军事、经济、政治、文化各个方面的冲击束手无策。

甲午战败后,一些先进知识分子和上层官僚首先提出废除科举,倡导学习西方政治法律制度,从教育制度和考试制度两个方面进行改革。1905年,清政府宣布废科举,有当代学者对此这样评价:"科举之废除表明了儒家与权力及真理之间的有机联系被割断，儒家已不再是成为获得权力的前提和知识流动的唯一内容，这样制度化儒家便全面崩溃。"①废除中国长期以来的选官制度是社会危机和科举制自身困惑综合作用的结果。按照马克斯·韦伯的理解，现代社会中，负责国家行政事务的官僚应由那些受过专门技术训练的人充任。反观科举选官，它的本意是将具有高尚道德情操的君子们选拔出来，这些人并不具备行使行政事务的能力，更为糟糕的是，科举制度在发展过程中逐渐僵化，它甚至违背了"传道"的初衷。因此，无论从道义上还是从技术上理解，科举制度都已不再适应中国社会变革。总之，君主专制制度和科举选官一度是中国历代王朝维系统治的基础性制度设计，但面对现代化冲击，它们失去了有效维持国家秩序的能力，它背后的思想支撑——传统儒学思想也暴露出它的局限性。这一时期那群被列文森视作"业余人员"（amateur）的中国官僚和儒学知识分子②无法改变自己的命运，也无法扭转制度化的儒学被淘汰的现实。

传统儒学思想除了作为君主专制政治制度的指导思想，它还为中国人塑造精神世界的理想图景提供了知识支撑。古代中国人试图通过研习孔孟圣人之学培育自己的道德品质。修齐治平是传统儒学人格培育的基本路数，忠君爱民是对官员的基本道德要求，人们相信一个具有高尚道德情操的官员能够忠于他的君主，同时也能很好地为百姓服务。正是在这种道德感召下，立德、立功、立言必然是读书人和官员需要践行的君子之路。然而事实却并非如此，这些道德条款并没对历代王朝的官员们起到实质性的约束，也正因为这样，历代史书中才常常对如明代海瑞这样的模范官员大加赞赏，民间野史也极力贬斥那些贪官污吏。如果说儒家思想对官员的行为规制能力稍

①　干春松：《制度儒学》，上海人民出版社，2006年，第89页。
②　列文森将中国的士大夫称为"amateur"，因为他们既不是职业官僚，也不是职业的道德家或艺术家。但他们却不仅占据官僚系统，而且以布道者自居。详见[美]列文森：《儒教中国及其现代命运》，郑大华、任菁译，广西师范大学出版社，2009年，序言。

显欠缺的话,那么在更广泛的民间,以伦理关系维系的乡村秩序则表现得非常顽固。孝、悌、忠、信等不仅是读书人的道德标准,也是绝大多数普通百姓的行为准则。违背道德的人不仅要承受强大的道德压力,甚至还会受到官府的法律惩罚。因此,虽然官僚系统存在致命缺陷,但凭借底层社会的稳定,君主专制制度依然不会受到实质性打击,儒家思想作为一种信仰,也深植于中国人的思想观念之中。

直到西方近代思想在中国大范围传播之后,随着专制制度的瓦解,作为信仰的儒家思想失去它的合法性和特殊地位,当人们发现儒家思想不仅不是唯一的真理,而且还遭到来自西方甚至自己人的否定、轻蔑时,一种关于信仰问题的精神危机如同瘟疫一样在知识分子中间传播开来。一些无法摆脱精神危机的人,如梁漱溟的父亲梁济甚至付出了生命的代价。实际上,他既非为清王朝也不是为君主专制殉难,清王朝覆灭后,梁济并没有拒绝民国政府的公职,也没有支持袁世凯和张勋的复辟,但最后被自幼就担负起的君子的责任压垮。他无法接受传统道德观念的崩溃,更无法忍受民国乱世中的国人丧失精神支撑。正如艾恺所言:"他的死是要为由真正有理想有社会责任感有个人正直心的人所组成的共和国的一代人作一个榜样。"[1]梁济的死在当时产生了不小的社会影响。虽然得到了来自梁启超、陈独秀等人的敬意和惋惜,但也受到如胡适等人的不解和非议:公众应从梁济的死吸取教训,"养成一种欢迎新思想的习惯,使新知识新思想可以源源进来"[2]。这正是新文化运动的前夜,各种新思想暗流涌动,梁济坚守了成为君子的道德理想,也以自杀这种极端方式呼吁国人必须重建自己的精神家园。

---

① [美]艾恺:《最后的儒家》,王宗昱、冀建中译,江苏人民出版社,2004年,第44页。
② 《胡适文存》(卷1),台北远东出版公司,1968年,第707页。

二、启蒙运动的反传统理论旨趣

毫无疑问,作为思想者,很难说在政治实践领域能够发挥多大作用,他们的主要任务应当是推动社会文化发展,影响其他人的观念和意识。新文化运动即是一大批持各种不同观点的知识精英们为中国开启的一场声势浩大的启蒙运动。它主要以西方民主、科学思想为理论武器,旨在彻底批判中国的传统文化及作为中国人精神核心的儒家思想,进而为国人构建新的精神生活和信仰对象。陈独秀、胡适等人明确提出反儒学、反孔教。用陈独秀的话讲:"(孔教之)根本的伦理道德,适与欧化背道而驰,势难并行不悖。吾人倘以新输入之欧化为是,则不得不以旧有之孔教为非;倘以旧有之孔教为是,则不得不以新输入之欧化为非。新旧之间,绝无调和两存之余地。"[①]又如胡适言:"孔教的问题,向来不成什么问题;后来东方文化与西方文化接近,孔教的势力渐渐衰微,于是有一班信仰孔教的人妄想用政府法令的势力来恢复孔教的尊严;却不知道这种高压的手段恰好挑起一种怀疑的反动。因此,民国四五年间的时候,孔教会的活动最大,反对孔教的人也最多。"[②]可见,陈、胡等人反对儒学有着深刻的认识原因和历史原因,他们将儒学、孔教视作思想障碍,虽然表现出过分的对立情绪,但基本观点还是比较正确的。随着新文化运动的深入发展,传统儒学思想的话语空间愈加遭到打压,尤其是在青年知识分子群体里,自由、平等、独立取代了儒家传统道德,成为新的精神信仰。此时的儒家思想不仅丧失了制度性维度的合法性,其作为精神信仰的功能也逐渐丧失,与前者相比,这可能是儒学思想所面临的更为严重的后果。

---

① 《独秀文存》,安徽人民出版社,1987 年,第 660 页。

② 胡适:《胡适哲学思想资料选》(上册),华东师范大学出版社,1981 年,第 128 页。

在这场思想启蒙运动里,陈独秀、胡适、钱玄同、鲁迅等新一代知识分子站在西方人文主义精神的立场上,批判中国僵化了的儒家思想及其道德标准,并斥之谓"吃人的礼教"。从某种意义上讲,他们的观点带有激烈的反传统倾向,并将"西化"作为解决问题的方法。林毓生对此评价道:"20世纪中国思想史最显著特征之一,是对中国传统文化遗产坚决地全盘否定的态度的出现与持续",其"直接历史根源,可以追溯到本世纪中国现代知识分子起源的特定性质,尤其可以追溯到1915—1927年五四运动时代所具有的特殊的知识倾向","所以我们完全有理由把它说成是全盘的反传统主义。就我们所了解的社会的文化变迁而言,这种反崇拜偶像要求彻底摧毁过去的一切思想,在很多方面都是一种空前的历史现象"。①当然,这只是一种评价,还有很多学者对此存在质疑。但是新文化运动所表现出来的反传统倾向是有目共睹的,至于它是不是"彻底摧毁过去一切思想"并不在本书讨论之列。此外,新文化运动在否定传统,特别是批判儒家传统的基础上,掀起了一股中国20世纪最为激进的"西化"思潮。对此,我们有必要开列两种观点:陈独秀的"全盘西化论"与胡适的"中西调和论"。

陈独秀在反思辛亥革命过程中,逐渐认识到,这场革命仅停留在社会政治层面,并未触及这个民族的文化、道德等精神世界。他言道:"继今以往,国人所怀疑莫决者,当为伦理问题。此而不能觉悟,则前之所谓觉悟者,非彻底之觉悟,盖犹在惝恍迷离之境。吾敢断言:伦理的觉悟,为吾人最后觉悟之最后觉悟。"②在他看来,改造国人道德伦理问题是中国社会进步的重要推力。用新道德代替旧道德,以西方近代文化彻底批判中国传统文化从而实现精神世界的重构。他指出:"无论政治学术道德文章,西洋的法子和中国的法

---

① [美]林毓生:《中国意识的危机——"五四"时期激烈的反传统主义》,穆善培译,贵州人民出版社,1988年,第2~6页。

② 《独秀文存》,安徽人民出版社,1987年,第41页。

子,绝对是两样,断断不可调和迁就的","或是仍旧用中国的老法子,或是改用西洋的新法子,这个国是,不可不首先决定。若是决计用旧,一切都应该采用中国的老法子,不必白费金钱派什么留学生,办什么学校,来研究西洋学问。若是决计革新,一切都应该采用西洋的新法子,不必拿什么国粹,什么国情的鬼话来捣乱"。①陈独秀本人当然赞成后者。胡适虽与陈独秀同样赞成"西化",但他在中西文化间保持了一种较为温和的态度,他明确反对用西方"新文化"全盘否定中国"旧文化",指出中国的真正问题在于如何有效地吸收西方文化,在结合旧有文化后使二者协调有效的发展。②胡适虽然主张"全盘西化",但无非是借此宣传西方文化中的精华,将其合理部分与中国本土文化结合在一起。在他看来,东西方文化存在相互调和的可能。

三、现代新儒学对启蒙思路的批评

作为现代新儒学的思想重镇,梁漱溟也参与到这场思想启蒙运动的讨论中来。1920—1921 年间,他围绕东西方文化问题为学生作了几次讲演,后整理成书,即著名的《东西方文化及其哲学》。该书开宗明义,紧贴当时社会中流行的西化思潮,指出必须分清东西方文化这个根本问题,一方面赞同陈独秀、胡适等人对文化问题的洞见力,一方面批评陈独秀的"全盘西化论"和胡适的"文化调和论"。

梁漱溟认为,必须首先分清何谓东方化、何谓西方化的问题。他批评清末以来人们学习西方文明的努力在思路上是错误的。在他看来,以往照搬西方先进技术、制度到中国,忽视了一个重要问题:"这时候全然没有留意西洋这些东西并非凭空来的,却有它们的来源。它们的来源,就是西方的根本文

---

① 《独秀文存》,安徽人民出版社,1987 年,第 152 页。

② 详见胡适的博士论文《中国古代哲学方法之进化史》中相关解释。

化","如此的轻轻一改变,不单这些东西搬不过来,并且使中国旧有的文化步骤也全乱了","他们本来没有见到文化的问题,仅只看见外面的结果,以为将此种结果调换改动,中国就可以富强,而不知道全不成功的!"①梁漱溟在经历了清末民初的社会变迁后,同陈独秀等人一样,也意识到文化的重要性。在看过陈独秀的文章后,梁漱溟赞同他的观点,"叹服陈先生头脑的明利"。虽然辛亥革命推翻了封建帝王,但西方民主制度并未在中国生根发芽,其根本问题在于文化的差异。梁漱溟讲道:(陈独秀的意思)是"要将种种枝叶抛开,直截了当去求最后的根本。所谓根本就是整个西方文化——是整个文化不相同的问题。如果单采用此种政治制度是不成功的,须根本的通盘换过才可","因为大家对两种文化的不同容易麻糊,而陈先生很能认清其不同,并且能见到西方化是整个的东西,不能枝枝节节零碎来看! 这时候因为有此种觉悟,大家提倡此时最应做的莫过于思想之改革——新文化运动"。②与陈独秀一样,梁漱溟直指东西方文化这个根本问题,用他的话讲:"这个问题并不是很远而可以俟诸未来的问题,的确是很急迫而单单对于中国人逼讨一个解决问题"③,由此可见他对破解文化问题的重视程度。

对于胡适"调和论"的观点,梁漱溟的态度很明确:"随便持调和论的不对。"④他认为,东方文化(主要是指中国文化)在当时的历史环境和现实条件下"看不出翻身之道",因为科学与民主是植根于西方文化深层的精神要素,若要真正将其纳为己用,则必须彻底检讨中国文化,"照我们以前所说的东方化的现状,一般头脑明利的人都觉得东方化不能存留;假如采用西方化,非根本排斥东方化不可。近三四年来如陈仲甫等几位先生全持此论调,从前

---

① 《梁漱溟全集》(第 1 册),山东人民出版社,2005 年,第 333 页。
② 同上,第 334~335 页。
③ 同上,第 337 页。
④ 同上,第 338 页。

的人虽然想采用西方化,而对于自己根本的文化没有下彻底的攻击"。①胡适在《中国哲学史大纲》中认为,中国文化与西方文化相比,亦有其相对优秀的一面,因此,中国人在精神方面仍有西方人所不具备的长处。梁漱溟对此不以为然,他毫不客气地批评道:"胡先生这样将东方与西洋两派哲学相提并论,同样尊重的说话,实在太客套了!""大家一般人所说精神方面比较西方有长处的说法,实在是很含混不清、极糊涂、无辨别的观念,没有存在的余地!"②按照这种逻辑,如果随便将中西文化调和融通,另开一种新文化,"只能算是迷离含混得希望,而非明白确切的论断。像这样糊涂、疲缓、不真切的态度全然不对!"③梁漱溟的判断是,西方文化虽然有其自身的弊端,但没有到走不通的地步,它还具有自我修正的能力和机会。但中国文化已经濒临绝境,固守"东方化"无疑是愚蠢的选择,必须为中国文化重新打开一条活路。

　　总之,在梁漱溟看来,无论是陈独秀还是胡适,他们都还没有搞清中国文化究竟面临何种困境。当然,梁漱溟也同意,无论如何,中国传统文化必须首先得到改造。至于如何改,在没有弄清它的问题之前,"全盘西化"或者"东西调和"都不能被盲目地推崇。

　　如果梁漱溟只停留于此,他可能会成为一个主张西化的自由主义者甚至或许成为共产主义的信徒。然而我们仔细观察他的论述,便不难发现,梁漱溟虽然支持陈独秀的观点,即必须明确辨析东西方文化,作出坚定的抉择,但并不能说明他同时赞同"全盘西化",梁对陈的支持仅限于分清东西方文化的明确立场。同样,他反对"随便的持调和论",即在未弄清东西方文化的情况下不可"随便"调和,但并不表示他彻底放弃东西方文化调和的思路。在为中国文化打通一条活路的理论任务指引下,审慎辨析两种文化,冷静批判、理解各自的内涵、特征及本质,最终仍落实到对中国文化困境与出路问

---

① 《梁漱溟全集》(第1册),山东人民出版社,2005年,第338页。

② 同上,第341页。

③ 同上,第342页。

题的关切上。从这个意义上讲,梁漱溟实际上是在文化领域尝试作进一步的思考,为解决中国现实问题找寻新的出路。

梁漱溟等人最终选择了用"西学"来改造传统儒学,旨在构建出一种具有现代精神的"新儒学"。这里所谓的"新"即在儒学中融入现代化需要的那些元素。众所周知,"现代"是一个非常难以界定的概念。每一个学科门类几乎都可以用自己特有的话语表述方式对其加以诠释。需要说明的是,本书完全依照马克思·韦伯的理解使用这一词汇。韦伯在他的《宗教社会学论集》前言里提出这样一个问题:"为什么科学、艺术、政治、或经济的发展没有在欧洲之外也走向西方所特有的这条理性化道路?"这是他整个学术生涯试图回答的理论问题。哈贝马斯对此的理解是:"韦伯把那种解神秘化的过程说成是'合理的',在欧洲导致了宗教世界图景的瓦解,并由此形成了世俗文化。随着现代经验科学、自律艺术和用一系列原理建立起来的道德理论和法律理论的出现,便形成了不同的文化价值领域,从而使我们能够根据理论问题、审美问题或道德—实践问题的各自内在逻辑来完成学习过程。"[1]从以上表述可以得出这样几点认识:第一,现代化是一种"祛魅"的过程,它旨在瓦解传统社会中某些被认作真理性的知识系统;第二,现代社会以韦伯所谓的"合理的"为思想武器,所谓合理即合乎理性;第三,正因为人类能够运用理性去把握客观世界的某些规律,所以便能够构建出某些"原理性"知识并以此获得新知;第四,韦伯时代所谓的现代社会带有明显的区域特征,它直接代表了地理意义上的欧美世界。

回到 20 世纪二三十年代的中国,主张西化的人们通常把"西化"与"现代化"当作同一种概念使用。因此,才有了五四新文化运动中向西方学习,主张在中国发动启蒙运动的论调。他们将儒学作为"祛魅"的对象,认为只有对传统思想作彻底地检讨,才能扫清现代化道路上的思想障碍。

---

① [德]哈贝马斯:《现代性的哲学话语》,曹卫东等译,译林出版社,2004 年,第 1 页。

传统儒学为西化论者们诟病的一个重要理由是封建社会中看不到理性的延伸,儒学与理性主义相背离,因此他们将儒学认作中国的神学。新儒学思想家们首先试图解决的就是这个问题,即如何改造儒学话语,使之能够伸张个体理性,并运用理性得到自我确证。梁漱溟并不拒斥西方现代哲学传统中的主客二分式的思维模式。他将除个体之外的整个宇宙看作客体,而作为主体的自我在个体生命中体认外部世界,体认的根据则是他所谓的"意欲"。梁漱溟提出以"意欲"为核心的生命本体论:"文化是什么东西呢?不过是那一民族生活的样法罢了。生活又是什么呢?生活就是没尽的意欲(Will)。"①在梁漱溟那里,整个宇宙便是一个生活,透过意欲的主体认知与实践活动则成就了文化与生活。梁漱溟虽然没有提出系统性体系设计,然而哲学重在立本的理论倾向则是不言自明的。梁漱溟的好友熊十力在《新唯识论》中写道:"本书生命一词,为本心之别名,则斥指生生不息之本体而名之。""仁者,本心也。即吾人与天地万物所同具之本体也。"②熊十力关于儒学本体论建构的思考虽与西方哲学的思维习惯相去甚远,但他提出的内圣开新外王的基本思路被他的弟子们继承,唐君毅、徐复观、牟宗三正是沿着熊十力的路子进一步进行论证。直到今天,它仍是现代新儒学学者们需要解决的基本理论问题。

梁漱溟的学生冯友兰继承了程朱理学以降的中国式的思辨精神,提出"理世界"的本体论观念,"理世界"在程、朱那里虽已提出但并未得到充分论证,冯在此运用逻辑分析的方法对此观念加以证明,这无疑是原创性的理论贡献。颇为吊诡的是,冯友兰并不否认客观事物的实在性,但又坚持认为事物的实在性不由其本身所规定,它取决于形而上的本体世界。我们只有通过本体世界才能把握事物的根本,除此之外,一切便只是现象。只有"理世界"

---

① 《梁漱溟全集》(第 1 册),山东人民出版社,2005 年,第 352 页。
② 熊十力:《新唯识论》,中华书局,1985 年,第 525、567 页。

中的内在规定性才表征、诠释事物的本质属性。冯友兰认为,"理"是事物的"极":"所谓极有两义,一是标准之义……一是极限之义。每理对于依照之事物,无论就极之任何一义说,皆是其极。"①总之,在冯友兰那里,一切事物的客观存在只是本体存在的前提,而本体只能在他所构建的形上世界——理世界——中去把握。事实上,解决本体论的哲学论证问题并不是新儒家思想者们的最终目的。与主张西化者们一样,反省旧文化,建设新中国是所有人的共同理想,只是他们选择了不同的方法。中国儒学与西方神学不同,它并不预设哪些基本论断属于绝对真理、不容质疑。因此,在儒学话语系统中引入理性主义则没有思想障碍。现代新儒家们无论从陆王心学的角度,还是程朱理学的角度都完全可以对"儒学非理性"的诘难作出回应。

总之,现代新儒学思想家们并非在一般意义上批评启蒙思潮的那种反传统心态,而是在为这场思想盛宴提供更加值得冷静深思的话题。在批评的同时,他们也尝试构建起自己独特的思想范式,其整个思潮的兴起与成熟也正源于对他者的批评与回应。

---

① 冯友兰:《新理学》,生活·读书·新知三联书店,2007年,第23页。

第四节
近代保守主义政治思想及其批评

源自欧陆思想家的保守主义思潮塑造了政治文化特有的思维模式和话语实践策略。近代中国社会变革历程中亦不乏保守主义的声音。张之洞以"中体西用"论开启保守主义的先河,在"体"与"用"之间寻找接纳西学的尺度与策略;及至梁漱溟以"文化路向"说反思东西方文化特征,并以建设"新礼俗"尝试科学与民主的中国实践方案。然而近代中国保守主义思潮在对西方文化理解上存在明显的理论误会,并有意在诠释策略上坚守体用、本末的思维逻辑以消解西方元素的价值理性。当保守主义发展到文化决定论阶段,他们无法正确理解中国的时代困境,最终导致在政治实践中沦为乌托邦式的幻想。因此,在充分承认近代中国保守主义内在价值的同时,应对此种社会思潮以审慎的估价。

一、保守主义与近代中国保守主义

作为现代化历程中的一股社会思潮,保守主义源自欧陆思想们对19世纪法国大革命及其后果的反思。英国思想家埃德蒙·柏克的《论法国大革命》批评法国大革命为一场暴乱。柏克之后的保守主义思想家们普遍认为,他们主张的所谓保守,是对现代化过程中的社会剧变、旧式秩序崩溃、传统价值瓦解等现象的反抗及审慎估价。如果把社会变革视作一个过程的话,那么保守主义者们总是试图尽量反向拉扯该过程,使其变得不是那么激烈。也正因为如此,保守主义思潮总是带有某种防御性,它看似自成体系,而其知识谱系又是如此的松散, 以至于甚至在思想文脉上很难明晰地勾勒出保守主义思潮的整体框架与传承图景。保守主义也很难被视为一套完整的理论范式,我们无法确定该思潮拥有哪些明确的原则、目标抑或对公共生活给予某种确定性的期待和评价。"如果把保守主义在各个时期、各个国家所拥护的制度罗列出来的话,它将包括国王专权、君主立宪、贵族特权、代议民主、总统独裁、高关税和自由贸易、民族主义和国际主义、国家主义和联邦主义、遗产继承社会,此外还有资本、市场社会及各种各样的福利国家等。毫无疑问,今天的保守主义者不会热衷于那些他们现在不感兴趣的制度和实践。但是,保守主义者也许会吃惊地发现,他们在自己国家的历史上曾经捍卫过他们现在所痛恨的制度。如果再看一下世界的话,他们有可能还会发现,自己所想加以守护的制度也许在其他国家的保守主义同伙眼中, 简直是荒唐可笑的。"[1]亨廷顿也如此评价道:"最好不要将保守主义理解为是一种注定要保卫某种特定制度的理论。保守主义实际上是这样一种意识形态,它在社会生存基础受到威胁时, 会提醒人们某些社会制度的必要性以及现存制度的可取性。"[2]可以这样讲,保守主义是一种思想方式(抑或亨廷顿所谓的意识形态),它总是面对某个具体社会图景中的社会问题,根据社会变革的具体逻辑、倾向、激烈程度而衍生其应对策略。简单地说,作为一种思维方式,保守主义一以贯之,而作为某种针对性策略,它可能以各种形式出现,甚至它们看似彼此冲突。

保守主义在社会各个维度中表现出不同的面相, 政治上维护权威称之为"政治保守主义"、经济上维护市场机制称之为"经济保守主义"、文化上维

---

[1] Jirry z. Muller, *Conservatism*, Princeton University Press, 1997, p.31.

[2] S. Huntington, Conservatism as an Ideology, *American Political Science Review*, Vol.51, 1957.

护传统称之为"文化保守主义",诸此种种。这些面相甚至不具备必然的关联性,一个倡导自由主义政治文化的人完全可能同时是一个尊重传统的保守主义者,比如美国学者艾凯眼中的梁漱溟。再者,保守主义还隐喻着尺度和比较的问题。以近代中国为例,如果说张之洞较之维新派是为保守,那么维新派较之革命党也可是为保守。陈独秀等倡导伦理道德全盘西化与梁漱溟文化路向差异说相比,虽然显得十分激进,但若与戴季陶主张的法西斯主义相比则也可称陈独秀是个保守主义者。可见,只有把保守主义放置在特定的话语空间中加以理解才有意义。在特定的话语实践(Discourse practice)下把握保守主义的不同面相有助于我们将这种碎片化的意识形态作整体认识。

综观欧洲和近代中国社会的整体变革历程,现代性话语对旧式生活图景冲击所产生的种种焦虑首先表现在思想文化领域。加拿大学者贝淡宁认为:"文化本身是为人类生命过程提供解释系统,帮助他们对付生存困境的一种努力。"①由此衍生的各种社会问题往往被归结为:"当前的危机主要是文化的危机……问题是我们的信念动摇了,我们的道德松懈了,我们的行为败坏了。"②或如梁漱溟认为的那样,旧文化被瓦解,新文化又未建立,社会问题皆源于此。保守主义之所以值得被重视,不只因为它强调了文化之于人乃至社会的解释功能,也不只因为它洞见了文化焦虑对社会进步的危险,还在于它提供了一种理解社会变迁的态度,即社会是演化累积的结果,是经验性的创造,是文化作用其中的有机体,任何建构主义的冲动在保守主义者那里大抵都被视作理性的自负。

某种意义上说,近代中国的保守主义可被视作传统与现代激烈冲突过程中诞生的具备保守主义典型特质的一股社会思潮,它近乎标准地诠释出传统与现代之间所有矛盾作用及其结果。金耀基将西方的现代化与中国的

---

① [加拿大]贝淡宁:《资本主义文化矛盾》,赵一凡等译,生活·读书·新知三联书店,1989年,第24页。

② Steinfels Peter, *The Neoconservatives*, New York, 1979, p.55.

现代化作过一个大致的区分,即从动力出发,前者为"自我本土发展或内发性的现代化",后者则是"外力促逼而生或外发性的现代化"。①西方学者也有对中国现代化形成的理解范式,即"冲击—回应"。换句话讲,近代中国走向现代文明的过程几乎全方位地展现出新旧文化的碰撞以及对异质文化的反驳、接纳和本土化转换的整个过程。近代中国的现代化过程较之欧洲更为复杂,因为"现代文明是一种独特的文明模式,其历史渊源是欧洲传统文明。中国传统文明具有独特性,它采取的是政教合一的秩序实现模式,有自身的演进逻辑。中国传统文明与现代文明本是两个不相干的系统。从政治发展的角度看,中国现代化属于'逆势现代化',其过程的复杂性和艰巨性主要在于,在现代化的启动初期,就必须在共同体的宏观层面展开对传统秩序模式的解构"②。更确切地讲,这种宏观解构很长一段时期是不成功的,与其说是解构,毋宁说是破坏。

晚清以来中国社会的政治危机、经济危机、文化危机、社会危机等都是随着王朝体系崩溃而显现出来的,而近代中国保守主义思潮正是种种危机的直接产物。它既是一种争取共同体存续与发展机遇的社会实践,也是一场坚守、反省、接续中国固有文化系统的思想抗争。它试图以一种保守的姿态去化解时人的精神焦虑,弥合新旧文化的断裂。可以这样讲,近代中国的保守主义是19世纪中后期到20世纪中期百余年间世界范围内反现代化思潮的重要组成部分,它是民族危机和文化危机的产物,是对现代性话语系统中某些专断元素的反驳,也是寻求中国走向现代化大格局下实现传统智识谱系接续与转换的思想努力。

洋务运动是中国第一次主动寻求现代化的尝试,作为一场改革,它牵动了包括思想文化在内诸多维度的变革,而传统史学观点对此估价不足。显见

---

① 罗荣渠等编:《中国现代化历程的探索》,北京大学出版社,1992年,第3~4页。
② 杨阳、李筠:《现代化与近代以来中国政治发展的相关理论问题》,《政法论坛》,2007年第3期。

的事实是，从 19 世纪 60 年代到 90 年代，思想文化领域中酝酿了许多极具挑战的新思想，早期启蒙思想家大多在这一时期形成自己成熟的理论观点。东西、新旧、古今之间的思想争锋已初露端倪，保守主义即滥觞于这一时期。直到 20 世纪初叶，改革派与革命派的激烈博弈将保守主义思想推到前台，成为当时一支重要的理论派别。此过程中公认的保守主义思想鼻祖非晚清重臣张之洞莫属，以其为代表的"中体西用"论者，第一次比较系统地解释了中国文化和社会诸多方面现代化的出路问题。当然，张之洞本人并没有所谓保守主义的学理认知，但这并不妨碍其作为该思潮的开端为后世思想者或推崇、或批判。

有学者考证，"保守主义"一词最早见于 1903 年蒋方震《国魂篇》："中国立于大地最早，而又以保守主义闻天下也。"[1]与西方保守主义思想不同，中国的保守主义者们从宏观上对西方文明作整体反省，其基本结论是：西方社会表现出的种种弊端，是其自身文化难以破解的，而恰恰是中华文明的优势，中国文化的出路在于建设"中国本土文化"。自张之洞始，中国文化优越思维深植于保守主义者们的思想根底。"隆中抑西"是保守主义的基本价值抉择，"变器不变道"审慎的变革意识是他们寻求社会发展途径的思维惯性。张之洞"中体西用"思想甚至深刻影响了晚清政治变局，诸多国家重大决策都以是否保守作为评价标准，以至于后世研究认为晚清政治因为保守错过改革关键期者有之，认为不够保守稳健而过于激进者亦有之。清政府的种种进退失据或被视为保守，或被斥之为不够保守，其社会影响可见一斑。

张之洞之后国粹派、学衡派等思想家们部分修正了中体西用说，但其理论思维一以贯之。及至以梁漱溟为代表的现代新儒学思潮的出现，保守主义迈进了一个新的阶段。体用之辩不再是梁漱溟的话语策略，取而代之的是文

---

① 蒋方震：《国魂篇》，《浙江潮》，1903 年第 1 期，转引自任晓兰：《张之洞与晚清保守主义思潮》，法律出版社，2009 年，第 34 页。

化路向说。梁漱溟回避了中体西用所隐喻的文化价值排序，而是以新的视角——何谓东方化？何谓西方化？——把握和诠释传统文化与现代文化，而其最终的思想诉求则与张之洞时代发生了本质变化。张之洞的思想主旨在于以审慎的态度寻找合适的实践方案以实现国家富强，而梁漱溟则畅想"把中国人和西洋人都引导至善至美的孔子路上来"。可以说，这两种态度各具特色且同归于保守主义智识脉络，基本代表了当时保守主义者们的基本心态和思想范式。集中厘清张之洞和梁漱溟的思想发展轨迹、内在逻辑、价值倾向、诠释策略选择及其理论困境非常有助于我们历史地把握保守主义之于思想史整体知识谱系的意义，同时也有益于理解近代中国接受现代性知识变迁历程的节奏与尺度。

二、张之洞"中体西用"论

第一次鸦片战争之后，伴随着西方近代工业技术一并进入中国的西方文化持续不断地冲击和瓦解着中国传统文化及其思想方式。反思中国固有文化逐渐成为士大夫们不可回避的思想话题。激进者有之，保守者有之，而作为保守主义主要代表的晚清重臣张之洞和他的"中体西用"论极具特色，思想史学界过往研究也可谓汗牛充栋，研究者们大抵集中在张之洞对于文化和中西方文化的理解和估价问题上展开各自研究，批评者、同情者、赞赏者都不缺乏，可见，如何诠释张之洞的文化观是给予其合理分析和恰当估价的关键。

张之洞明确地将中西方文化定位在体与用、内与外的基本格局上，主要由其知识谱系所决定。儒学知识与价值系统塑造了他对中国文化的基本认知和价值偏好。在他看来，中国千百年来的政治秩序得益于对儒家思想的推崇。故有："我圣教行于中土数千年而无改者，五帝三王，明道垂法，以君兼师；汉唐及明，宗尚儒术，以教为政。我朝列圣尤尊孔、孟、程、朱，屏黜异端，纂述经义,以躬行实践者教天下,故凡有血气,咸知尊亲。盖政教相维者,古今之经常,中西之通义。"①在中国传统知识谱系内部,张之洞甚至也否定其他非儒学知识,其在反思先秦思想变革时曾言:"衰周之季,道术分裂,诸子蜂起,判为九流十家。惟其意在偏胜,故析理尤精,而述情尤显。其中理之言,往往足以补经义、应事变,然皆有钓名侥利之心。故诡僻横恣,不合于大道者亦多矣。"②在此局面下,通过历代儒学贤哲们的努力,传统思想经历并完成了兼容并蓄、去伪存真的工作,形塑起以儒学为根底的文化系统。他评价道:"盖圣人之道,大而能博,因材因时,言非一端,而要归于中正。故九流之精,皆圣学之所有也;九流之病,皆圣学之所黜也。"③不难看出,张之洞对儒学至少秉持两个判断:其一,儒学是尽善尽美的,是解决中国问题的唯一选择;其二,历史实践证明,儒学也有吸纳、改造其他思想和知识的能力,最终"归于中正"化为"圣学"的一部分。他不讳言儒学需要不断更新和补充,因为"万世之巧,圣人不能尽泄,万世之变,圣人不能豫知"④。他认为,儒学思想是一个持续不断自我革新的知识系统。所以面对当下古今中西思想变革的现实图景,传统儒学思想需要新的元素来补充,这样的认识使得张之洞有别于其同时代的诸多大儒。他比较清醒地看到当下的变局是中国历史中未有过的,"沧海横流,外侮洊至,不讲新学则势不行,兼讲旧学则力不给"⑤。所谓新学,即是西方文化,故有了张之洞那句最著名的论断:"旧学为体,新学为用,不使偏废。"⑥

张之洞赞同中西会通,吸纳西方文化之长,通过改造后加以利用。他之

---

① 张之洞:《劝学篇》,冯天瑜、肖川评注,湖北人民出版社,2002年,第36页。
②③ 同上,第81页。
④ 同上,第202页。
⑤ 同上,第102页。
⑥ 同上,第144页。

所以有如此开放的心态,除了认为儒学有兼容并蓄、自我更新的能力,还有另外两个前提:第一,张之洞秉持着对传统儒学比较骄傲的认知。他认为,儒学有着悠久的传统和强大的生命力,而与之相对的西学"不知二千年以上,西国有何学,西国有何政也!"①从今天的角度讲,张之洞显然对西方思想发展历程认识不够深刻,不知欧洲文明也有其系统的思想历史传承。但他的认识的确代表了当时乃至相当长一段时期里传统士大夫的普遍心态。或者可以认为,张之洞有意为之,目的在于增强国人对儒学的自信心。

第二,张之洞提倡中西会通以对西学详加审视为条件。异质文化之间不仅存在各自特质,同时也必然具备作为人类文明的共通属性。只有找到彼此沟通的共性话题,所谓会通才有可能。所以既不能相互攻讦,也不能不加反省地全盘接受。那些能够被吸纳进儒学的西方文化元素必然是带有文化共性的基因。由此,张之洞批评新学、旧学提倡者的两种心态:"今日新学、旧学,互相訾謷,若不通其意,则旧学恶新学,姑以为不得已而用之,新学轻旧学,姑以为猝不能尽废而存之。"②同时,也批评不加反省地全盘接纳西学的观点,明确提出:"今欲强中国,存中学,则不得不讲西学。然不先以中学固其根柢,端其识趣,则强者为乱首,弱者为人奴。其祸更烈于不通西学者矣。"③

带着经过反省的中西会通心态,张之洞"中体西用"说的核心问题在于,能够向西方文化学习什么?哪些固有文化是不可变的,哪些是应该革新的?儒学究竟能够怎样接纳新学元素,变与不变的尺度究竟在哪里?张之洞讲:"夫不可变者,伦纪也,非法制也;圣道也,非器械也;心术也,非工艺也。"④西方的法制、器械、工艺在他看来都属可资借鉴的东西,甚至政治制度、思想文化中某些元素只要不与传统儒学的核心价值相互龃龉亦可学习吸纳。"然则

---

① 张之洞:《劝学篇》,冯天瑜、肖川评注,湖北人民出版社,2002 年,第 132 页。
② 同上,第 199 页。
③ 同上,第 98 页。
④ 同上,第 160 页。

西政、西学果其又益于中国,无损于圣教者,虽于古无征,为之固亦不嫌。况揆之经典,灼然可据者哉。"①这其中还涉及一个问题,即张之洞必须对儒学究竟如何能够接纳异质文化作出合理解释,但遗憾的是,除了"揆之经典,灼然可据"之外并无更多让人信服的论据。这也可能带来另一个后果,包括张之洞在内的传统士大夫们过度诠释了儒学的范畴与功能。比如,他曾强调忠义的重要:"若强中御外之策,惟有以忠义为号召,合天下心,以朝廷威灵,合九州之力,乃天经地义之道,古今中外不易之理。"②张之洞虽然看到了要抵御外侮,国家和政府必须有所作为,整合国家资源,形成合力的重要性,但过分夸大了忠义的作用,而且他当然不理解民众对国家和政府的忠诚并不能完全指望道德感,还要求政府对民众担负相应的责任以换取之。他只看到表象,民众对政府的忠义是"古今中外不易之理",却没法进一步解释忠义源于何种理由,特别是西方国家民众对于国家和政府给予忠诚的理由。即便如此,与那些顽固不化者相比,张之洞的认识还是相对清楚。比如,他曾严厉批评两种观点:一是认为祖宗之法绝对不可变;二是认为西方的东西中国自古有之。

> 今恶西法者,见六经古史之无明文,不察其是非损益,而概屏之。如诋洋操为非,而不能用古法练必胜之兵;诋铁舰为费,而不能用民船为海防之策,是自塞也。自塞者,令人固蔽傲慢,自陷危亡。略知西法者,又概取经典所言而傅会之,以为此皆中学所已有。如但诩借根方为东来法者,而不习算学;但矜火器为元太祖征西域所遗,而不讲制造枪炮,是自欺也。自欺者,令人空言争胜,不求实事。③

以上两种错误认识的后果就是"自陷危亡""空言争胜"。综观他的保守

---

① ③　张之洞:《劝学篇》,冯天瑜、肖川评注,湖北人民出版社,2002 年,第 202 页。

②　同上,第 93 页。

与开放,可以讲,张之洞试图给自身寻找的定位是知古不忘通,学新不弃本。

张之洞在东西方文化碰撞日益激烈的时代,旗帜鲜明地提出"中体西用"论,强调应对中国固有文化,特别是儒学思想保持自信,有其显见的时代特征,代表着一批思想先进对当下时代困境的担忧和文化抉择的审慎心态。他试图找到一种稳健的思想方案,并以其一以贯之的逻辑建构起整套理论诠释。中西、新旧、体用之辩大抵奠定了中国保守主义的基本思维方式。将"儒臣"张之洞放置在思想史的历史脉络中加以审视便会发现,作为一个传统儒学的坚守者,张之洞极力推崇儒家思想完全合乎其自身的身份认同和思想逻辑。与此同时,作为一名政治人物,特别是手握实权的重臣,张之洞清楚地认识到中西方的差距,并试图在有限的领域通过学习、借鉴来拉近甚至弥合二者的距离。由此可见,无视其中缘由而简单地评价他以及他所代表的保守主义思想是否先进、是否符合历史发展潮流便是一种不加反省的苛责。

"中体西用"论隐喻了对中国文化的自信,同时也有其特殊的思想历史定位。一方面,它破除了故步自封者们的"自塞"与"自欺",能够以更加平和的心态看待以西方文化为主流的异质文明。另一方面,"中体西用"论为中国思想界开启了一种新的思维范式,即在世界范围内的现代化进程的图景下,或出于价值认同或出于现实功利的考量,中国接纳西方文化已然成为不可逆的趋势。如张之洞等一批思想者们承认此种现实,而且策略性地在文化融合的尺度问题上给予思索,虽然在某些问题上存在瑕疵、矛盾甚至是偏颇,但也不失为那一时期极具智慧的一种选择。显见的事实是,与康有为、梁启超等维新思想家们的在当时看来更为激进的观点主张相比,张之洞的诠释策略似乎更容易为清王朝的统治者们所接受。张之洞的《劝学篇》甚至得到皇帝的高度赞扬:"原书内外各篇,朕详加披览,持论平正通达,于学术、人心大有裨益。"[①]可以想见,正是所谓"平正通达"的思想观点才使得百日维新之

---

① 张之洞:《劝学篇》,冯天瑜、肖川评注,湖北人民出版社,2002年,第20页。

后主张新学的声音不至被极端保守派全部淹没，一定程度上维系了中国社会持续的思想解放。

此外，单纯就尺度问题而言，张之洞对新学的接纳程度也远远超过同时代的其他士大夫们。他所谓的"体"与"用"，绝非简单的价值理性与工具理性间的差别，事实上张之洞对西学抱有相当程度的尊重，从主张学习西艺以"变器"，到后期涉及变法、变科举等"变制"，他的思想是一个不断趋新的嬗变过程。其关涉领域愈多，趋新尺度愈大。传统意义认为张之洞是晚清洋务派的代表人物，然而他的某些主张无疑超出了该标签所规定的范畴，显见的事实是，维新变法的根本立意在以"圣贤义理之学"为本，而"博采西学"之用，与"中体西用"可谓不谋而合。梁启超也讲："舍西学而言中学者，其中学必为无用；舍中学而言西学者，其西学必为无本……中西并重，观其会通，无得偏废。"①可见，维新派思想家也承认"中体西用"的恰当稳健，同时也暗含张之洞思想中"保守"前提下的"大尺度"。总之，张之洞和他的"中体西用"论，无论是赞同还是批判，其开拓的思想范式和尺度策略是思想史历程中永远无法绕开的话题，时至今日，仍具有很高的理论研究和现实指引意义。

三、梁漱溟"文化路向"说

保守主义发展至20世纪20年代后，以梁漱溟为代表的现代新儒学思潮承续了其思想范式。梁漱溟对文化有着一整套独特的解释，同时，与张之洞不同，梁并不在体用的意义上看待中外文化差异，而是开拓了一种新的认识方式，即东西方两种不同的文化路向，进一步丰富了保守主义思想的话语实践策略。在梁漱溟看来，文化"不过是那一民族生活的样法罢了"②；"所谓

---

① 中国史学会编：《戊戌变法》（第4册），上海人民出版社，1957年，第488页。
② 《梁漱溟全集》（第1册），山东人民出版社，1989年，第352页。

文化就是怎样生活的法子"①。也就是说,文化的本质是人解决生存生活问题的方法,那么不同的人在解决生活问题上自然存在各自的态度。从最根本上说,人生态度可分为人对物的态度、人对人的态度和人对自己的态度。他将此人生问题与文化问题联系起来,人生态度差异决定了解决方式的不同,进而也塑造着各式各样的文化。"梁漱溟这种从人生态度来解释文化的理论是一种主观文化论。的确,照他的看法,文化只有主观的因,其余都是缘。"②基于此,梁漱溟将世界文化大致分为三种样态:第一种是"遇到问题向前下手",第二种是"遇到问题不是向前下手而是转换自己的态度,就在这个境地上求解决",第三种是"遇到问题反身向后,要求取消这个问题以求得问题解决"。③此三种即西方文化、中国文化和印度文化。在梁漱溟的判断中,遇到问题向前解决的西方文化属于人类文明的"第一期",转换态度,以精神愉悦代替物质满足的中国文化则属于"第二期",是所谓现实世界中"最圆满的生活"。可见从一开始,梁漱溟就为中国文化假定了一个高起点,也是他保守主义思想的逻辑前提。

梁漱溟认为:"'人生态度'是指人日常生活的倾向而言。"④他将人生态度作三分法:"逐求""厌离"和"郑重"。而且总结道:"此第一种人生态度(逐求),能够彻底做到家,发挥至最高点者,即为近代之西洋人。他们纯为向外用力,两眼直向前看,逐求于物质享受,其征服自然之威力实甚伟大,最值得令人拍掌称赞。"⑤"此种厌离的人生态度,为许多宗教之所由生。最能发挥到家者,厥为印度人。"⑥而"郑重"的人生态度是前两种态度的综合:"其一,为

---

① 《梁漱溟全集》(第 4 册),山东人民出版社,1991 年,第 612 页。
② 郭齐勇、龚建平:《梁漱溟哲学思想》,北京大学出版社,2011 年,第 85 页。
③ 《梁漱溟全集》(第 1 册),山东人民出版社,1989 年,第 382 页。
④⑤ 《梁漱溟全集》(第 2 册),山东人民出版社,1989 年,第 81 页。
⑥ 同上,第 82 页。

不反观自己时——向外用力；其二，为回头看自家时——向内用力。"①"这条路发挥得最到家的，即为中国之儒家。此种人生态度亦甚简单，主要意义即是教人'自觉地尽力量去生活'。"②可以简单地加以区分，西方"逐求"世俗的路，中国"郑重"道德的路，而印度"厌离"宗教的路。在他看来，逐求的路最容易走，道德的路相对最难。通过人生态度和文化路向搭建起逻辑，表现出浓重的主观文化论色彩。这种主观性源自他的研究习惯，"必是自己先已经有了自己的一些思想而后再参考别人的意见"③。"自己的一些思想"即源于他的生活体验。用他自己的话说："当初我的思想是从实在的问题中来。"④如此就不难理解梁漱溟成为保守主义思想家的问题意识，与其他保守主义者相似，他们的关注偏好大体集中于现实问题、具体问题抑或称之为时代问题。人生态度不同，面临的具体时代问题不同，对其解决的方案也就有所不同。

　　值得注意的是，梁漱溟对中西方文化的区分并不是简单的高低优劣，而是路向上的不同。他对生活态度和文化路向的分析有两个前提：一是东西方各自沿着自己的文化逻辑生活，互不干涉；二是在能够完美解决问题的情况下，郑重（儒家式）的生活才是"最为圆满的生活"。然而他也清楚地看到，东西方文化碰撞无可避免，而且中国旧有的文化在西方的冲击下逐渐瓦解。所谓郑重的生活方式也恰恰因为它无法通过自己努力解决当下困境才出现了文化危机。梁漱溟对中国文化的基本判断是："第一，中国非是迟慢落后；第二，中国已是陷于盘旋不进了；第三，中国较之西洋，是因其过而后不及的；第四，中国文化是人类文化的早熟。"⑤他认为，首先，中国与西方相比有其固有的文化逻辑，不能简单地认为是落后，如果东西方不互通，中国永远也不

---

① 《梁漱溟全集》（第2册），山东人民出版社，1989年，第82页。
② 同上，第83页。
③ 同上，第648页。
④ 《梁漱溟全集》（第4册），山东人民出版社，1989年，第854页。
⑤ 《梁漱溟全集》（第3册），山东人民出版社，1990年，第48~49页。

可能出现科学和民主等事物。其次，当下中国即与西方交通，尝试走西方的路子，但现实条件还不足以支撑其顺利实现全盘西化，遂陷于盘旋不进的尴尬局面。再次，科学与民主精神中国自古确有萌芽而后萎废。最后，文化早熟造成了它有所超过而又归为不及。从"最圆满的生活"到"文化早熟"的先过而后又不及，梁漱溟一方面坚持文化自信，另一方面也在思考如何医治中国文化"早熟"的病，把曾经有过的东西重新找回来，进而谋求人类文化整体性意义上的殊途同归。为此，他区分了中西方文化的几大差别：社会结构上，中国注重家庭生活，西方注重团体生活，中国是伦理本位职业分立的社会，西方则是阶级社会。精神领域上，中国以道德代替宗教为支撑，西方则有发达的宗教信仰。政权组织上，中国表现为"消极无力"，且缺乏人权自由、民治等元素，西方则在民主精神和制度下建设出极具效率的政府和个性延展的民众。社会变革上，中国治乱循环而无革命，西方则在阶级对抗中能够实现社会进化。这些现象互为因果，反复叠加，使中国陷入旧文化已瓦解，新文化又建立不起来的尴尬困境。

于诸多文化因子中，他最推崇的当属科学与民主精神，用他的话讲："西方化是由意欲向前要求的精神产生'塞恩斯'与'德谟克拉西'两大异彩的文化。"[1]"西方文明是成就于科学之上"[2]，民主精神则造就了"从组织的分子上看便为个性伸展，从分子的组织上看便为社会性发达"[3]。"西方人的社会生活处处看去都表现为一种特别色彩，与我们截然两样的就是所谓'德谟克拉西的精神'。"[4]他断定，科学与民主是西方之所以成功的根本原因，而中国的困境也恰恰囿于缺乏此二者。由此，梁漱溟试图通过改造旧文化进而建立起能够发扬科学和民主精神的新型社会组织结构和文化气质。"今日中国问题

① 《梁漱溟全集》（第1册），山东人民出版社，1989年，第353页。

② 同上，第355页。

③ 同上，第367页。

④ 同上，第370页。

在于其千年相沿袭之社会组织构造既已崩溃，而新者未立，或说是文化失调。"①对此，他将关注的重心聚焦于中国乡村社会的改造，即所谓建设"新礼俗"。他相信乡村问题是中国的整体问题，当下面临的诸多困境都源于乡村，而解决它们也必以解决乡村问题为基本。

乡村建设即是一场文化自救运动。乡村建设的宗旨是通过改造传统文化重构适应现代社会的文化模式，梁漱溟提出要使国民培育出西方竞争的态度而又秉持中国固有的道德人格。实现这一目标的关键是乡村组织建设。正如前文所言，梁漱溟意识到中国"短于集团生活而散漫无力"②，如果说传统社会是散漫无力的，那么近代社会不仅散漫而且失序。他理想的社会结构是："这一个团体组织是一个伦理情谊的组织，而以人生向上为前进目标（这两项很要紧，西洋人也将转变到这里来）。整个组织既是一个中国精神的团体组织，可以说是以中国固有精神为主而吸收西洋人的长处。"③梁漱溟的"新礼俗"即是吸纳理性、自由、权利、纪律精神的乡村治理模式，他统摄为民主（民治）的精神。此外，完善的道德人格和人际交互中的伦理情谊是承接民主精神的基石。梁漱溟倡导的乡村建设从开始就带有理想化的色彩，自20世纪30年代开始，就不断受到质疑。以先验道德设计的努力去改造现实社会组织就是本末倒置，最终归为道德乌托邦的畅想。

梁漱溟投身乡村建设但却没有收到他所期待的反应，他尝试推动乡村自治，却又必须依靠政府或军阀的支持。思想家的理想与乡村现实环境之间的鸿沟似乎是无法弥合的，乃至于他也不得不承认："现在是我们动，他们不动；他们惟不动，甚至因为我们动，反来和他们闹得很不合适，几乎让我们作不下去。此足见我们未能代表乡村的要求！"④"农民为苛捐杂税所苦，而我们

① 《梁漱溟全集》（第2册），山东人民出版社，1990年，第162页。
② 同上，第172页。
③ 同上，第308页。
④ 同上，第575页。

不能马上替他减轻负担;农民没有土地,我们不能分给他土地。他所要求的有好多事,需要从政治上解决,而在我们开头下乡工作时,还没有解决政治问题的力量。那么,当然抓不住他的痛痒,就抓不住他的心。"①说到底,梁漱溟认为中国的根本问题在于所谓"文化失调"问题,而事实却告诉他,政治经济问题才是社会困境的根本缘由。文化改造当然是乡村建设、组织建设的应有之义,但绝非决定性因素。

四、结论

中国近代保守主义思想家不仅限于张之洞、梁漱溟二人,然而从"中体西用"论到"文化路向"说的变化的确展现出保守主义思潮的理论旨趣、话语策略以及他们无法超越的逻辑困境。

首先,保守主义思想对现代性知识认识明显不足,而且对中国实现现代化转型的判断过于简单自信。无论是"中体西用"或是"文化路向"都是面对西学话语体系而作出的回应,而且此种回应的逻辑基点即对中国传统价值系统合法性的坚守。张之洞所谓的"伦纪""圣道""心术"和梁漱溟心目中的"完整的道德人格"在所有价值排序中天然地具备优先性,它们不仅是中国文化的根底,更是构造一切其他价值观念的合法性来源。用传统话语表述即是"道",在士人心中,具有普遍意义和至高无上的地位。然而在西学话语不断冲击下,"道"也具有空间意义——中国的和西方的。这样一来,中国的"道"的合法性根基则必然发生动摇,恰如罗志田教授描述的那样,当中国的思想权势、社会权势发生转移时,"道出于二"是无可避免的思想结果。张、梁等保守主义思想家忽略、回避抑或无法认识这一点,无论出于何种缘由,他们唯一能做的就是坚守传统文化的理论自信,有限度地接纳、改造甚至扭曲

---

① 《梁漱溟全集》(第2册),山东人民出版社,1990年,第581页。

西学体系某些元素为其所用。此外,他们相信通过接纳和改造能够使中国文化得到丰富和更新,并完成救亡图存、寻求富强的时代任务。

保守主义者们尤其重视中西、新旧、古今之辩,在他们看来,只有作出清晰的区分,才能厘清何谓根本。实际上,时人对这种看法已有诸多批评,如有:"居今世而言学问,无所谓中学也、西学也,新学也、旧学也,今学也、古学也,皆偏于一者也。惟能贯古今,化新旧,浑然于中西,是之谓通学。"①又有:"论制度则不分古今、不分中西,归于求是焉而已;论学术则不问新旧、不问异同,归于务实焉而已。"②站在今天的视角看,中国社会走向现代化是解决时代问题的必由之路,而现代性话语系统是以西方话语为基础和标准建立起来的(至少百余年前是这样)。刻意区分新旧古今并固守中国传统价值绝无实现现代性话语转换的可能。"传统儒学内涵的价值准则与现代化理念是相悖的,先秦儒学与汉代儒学在政治价值结构上是一脉相承的,因而,期待着儒学的复兴、升腾以促成当代中国社会的现代化转型,必将令倡导者、期待者陷入尴尬的境地。"③作为前现代性话语的传统价值系统必须经过彻底地清理和反思,我们可能的做法是在学习、接受现代性话语系统的前提下思索哪些传统因素能够成为有益补充,使得我们的话语合法性在符合现代性标准的前提下具备中国人自己的精神气质。这些是张之洞、梁漱溟等人无法接受和认识的,保守主义思想在解决中国问题上选择了相反的路向,唯一值得肯定的价值或许是他们看待问题的审慎态度而已。

其次,保守主义思想的论证逻辑没有跳出"体用之辩"的话语策略,而且有意扭曲西方文化中的价值理性。无论是张之洞或是梁漱溟,他们在看待西方舶来品时一方面承认并愿意接受某些有益元素,但接受的策略或者尺度

---

① 孙宝瑄:《忘山庐日记》,上海古籍出版社,1983年,第80页。

② 端方:《端忠敏公奏稿》,台北文海出版社,1967年,第152页。

③ 葛荃:《传统儒学的政治价值结构与中国社会转型论析》,《山东大学学报》(哲学社会科学版),2007年第6期。

却是囿于体与用、本与末的思维框架内且影响深远。体用思维不仅是一种思想方式，更是影响中国很长一段时期的话语实践策略，有学者评价到，它是"百余年来影响最大的一种文化模式"①。严复曾不无担忧地指出：(中体西用)"其害于吾国长进之机，少者十年，多者数纪。"②梁漱溟所谓"以中国固有精神为主而吸收了西洋人的长处"也不过是中体西用论的另一个变种。贺麟评价梁漱溟道："并未逃出'中学为体，西学为用'的圈套。"③中体西用思想方式和话语实践策略带来的结果是，至少在保守主义思想家那里，西方文化中的价值理性元素被忽略，他们更愿意接受作为技艺和工具的部分，即便如科学精神、民主制度等充分蕴含价值理性的元素也往往被泛工具化。这样做的直接目的是使得中国固有价值系统的合法性不被挑战，不出现"道出于二"的局面。

举例而言，梁漱溟称民主制度是一种"精神或倾向"，自有它的"合理"与"巧妙"。然而他理想的乡村建设蓝图是将民主制度引入贤人政治作为补充。"尚贤"是政治合法性的唯一来源，"尊重大多数"则是细枝末节，他天真地认为，政治生活中如果能做到"尚贤"，那么贤者作为领导人，必然也会尊重民众意见，民主精神自然会落实。按照梁漱溟的逻辑，民主的合法性基础并不存在，甚至不需要存在，它只是"新礼俗"的补充。此种思考方式和话语策略将价值理性完全排斥在外，西学当然永远处于用和末的位置。退一步讲，即便必须按照体用逻辑思考，保守主义思想家们似乎也没真正把握到西方文化中的体，抑或说西方之所以强大的根本缘由。常年生活在中国香港的何启早就对此有过表述："泰西之才有是用也，由其有是体也。是故富强非末也，借曰末矣，亦必其先有是本然后乃有是用也。"④"富强之政不立，则虽有富强

---

① 喻大华：《晚清文化保守思潮研究》，人民出版社，2001年，第260页。
② 《严复集》(第3册)，中华书局，1986年，第558页。
③ 贺麟：《当代中国哲学》，上海书店出版社，1991年，第12页。
④ 何启、胡礼垣：《新政真诠》，辽宁人民出版社，1994年，第301页。

之学,将安用之？"①体用之辩的话语策略带来的后果是让我们带着偏见和误会理解西方文化,导致对那些塑造现代社会内在价值的重要元素的理解往往产生偏差,不是诠释不足就是诠释过度。这也是我们一百多年来对现代性、现代化和现代社会的认识非常缓慢和片面的重要制约因素。今天看来,在思想解放的过程中,清理不合时宜的思想方式和话语实践策略是极为必要的,跳出体用、本末的逻辑,客观看待人类共同精神财富的内在价值,站在现代性的宏观叙事立场上,看待中国的现代化变迁可能更有益于推动中国文化和社会向前发展。

最后,保守主义思想发展到梁漱溟已然走到文化决定论的路向上,解决中国现实问题的能力极为有限。正如前文所言,梁漱溟认为中国积贫积弱的根本原因是"文化失调",所以他开出的方案是解决文化问题。然而必须重新审视他的这一基本判断。自 19 世纪中叶以来,中国政治、经济、文化、社会等诸多方面受到现代化的全面冲击并不断瓦解。政府权威和效能低下、农业经济生产生活方式解体、传统文化合法性基础丧失、旧有社会结构瓦解等诸多问题绝非"文化失调"可以充分解释的。近代中国的落后是前现代社会与现代社会实实在在的差距,而非所谓"文化路向"的差别。在寻求富强的时代命题下,解决政治经济问题是关键。洋务运动、维新变法、新政改革、共和革命等所有尝试大抵都集中在解决社会政治经济问题上。器物、制度、思想文化之变是一个整体过程,包括保守主义在内的各种社会思潮都应在整体格局上展开思索。社会共同体建立在由特定的经济生产生活方式塑造的政治生活之中,思想文化的价值在于赋予此种政治生活以道德意义,它虽然是任何社会共同体良善运作不可或缺的重要影响因素,但绝不是社会生活样态的决定性动力。所以从"文化失调"去寻找文化解决的路径最终不可能解决中国问题,文化决定论的逻辑起点是站不住脚的。因此,也许我们应当在同情

---

① 何启、胡礼垣:《新政真诠》,辽宁人民出版社,1994 年,第 384 页。

之理解的前提下,慎重对待和评价近代中国保守主义思潮,在承认其某些积极价值的同时,不应给予它过高的估价。

第四章

中国近代自由民主思想勃兴与实践抉择

第一节
自由主义思想的兴起及其本土化困境

　　自由主义一词源于西班牙文"Liberales",其作为一种思想体系,发轫于17世纪英国,洛克奠定了古典自由主义思想的核心基石。经过密尔、伯林、哈耶克等思想家,随着内涵不断丰富,自由主义思想系统的主旨在于以民主、分权和法治约束公共权力,保护个体权利;私有产权不受侵犯,主张市场经济;肯定信仰、思想及言论自由;关注社会公正等,进而构成现代性知识系统的普遍道德法则。19世纪末20世纪初,严复、梁启超、胡适等人把自由主义带入中国。可以这样讲,自由主义是在寻求富强与走向现代的双重变奏中于转型期的中国落地生根,分析反省其本土化过程的成败得失及其背后的逻辑,是为本书的任务。

　　据学者考据,Liberty(freedom)一词最早见于中文文献大约在清嘉庆年间,英国传教士马礼逊在其出版的《华英字典》中翻译成"自主之理"。道光年间,美国传教士卫三畏将Liberty翻译为"自主、不能任意",另一位英国传教士麦都思则翻译成"自主,自主之权,任意专擅,自由得意、由得自己、自主之事"。到了同光年间,德国传教士罗存德出版《英华字典》,将其解释为"自主,自由,治己之权,自操之权,自主之理"。①在当时,西方传教士群体并没对中

---

① 胡其柱:《晚清"自由"词语的生成考略:1820—1900年代》,载郑大华、邹小站主编:《中国近代史上的自由主义》,社会科学文献出版社,2008年,第129~130页。

国士大夫产生重要影响,然而到了洋务运动时期,清政府主动接触外面的世界,情况才有所改观。黄遵宪出使日本,归国后完成了他最重要的著作之一,即《日本国志》,其中写道:"自由者,不为人所拘束之义也。其意谓人各有身,身各自由,为上者不能压抑之、束缚之也。"①黄遵宪的认识已经比较切近自由的本意,遗憾的是,直到另一位留洋者——严复出现,再鲜有知识精英关注自由的意涵与价值,黄的认识也未能对后人产生深刻影响。

一、严复与近代中国自由主义勃兴

严复,中国第一位真正意义上的自由主义传播与界说者,其在近代思想谱系,特别是作为三大社会思潮之一的自由主义知识脉络中的地位毋庸置疑。作为思想拓荒者,严复为自由主义在中国的传播与发展奠定了基本格局,包括内涵界定、目标指向、价值倾向等各个方面。1895年,严复陆续发表《论世变之亟》《原强》《救亡决论》及《辟韩》等系列文章,率先较为系统地阐述自由观。在对比中西方国情及强弱差距过程中发现国家强弱的根源在于自由不自由。西方国家之所以强大,"苟扼要而谈,不外于学术则黜伪而崇真,于刑政则屈私以为公而已。斯二者,与中国理道初无异也。顾彼行之而常通,吾行之而常病者,则自由不自由异耳"②。造成这种差别的原因在于中国传统意识中忽视甚至排斥自由,自由从未进入到主流意识形态的价值系统中。他言:"夫自由一言,真中国历古圣贤之所深畏,而从未尝立以为教者也。彼西人之曰:唯天生民,各具赋畀,得自由者乃为全受。故人人各得自由,国国各得自由,第务令毋相侵损而已。侵人自由者,斯为逆天理,贼人道。"③

严复认识到西方自由观念源自天赋人权的逻辑,侵害自由即是"逆天理"

---

① 黄遵宪:《日本国志》,上海古籍出版社,2001年,第393页。

② 《严复集》(第1册),中华书局,1986年,第2页。

③ 同上,第3页。

"贼人道"，这与我们传统道义观有着本质的差别。按照中国人传统的理解，自由不仅与天理、人道无那么紧密的关联，而且它本身也充斥着贬义。对此，严复为自由正名，说道："中文自由，常含放诞，恣肆，无忌惮诸劣义。然此自是后期附属之诂，与初义无涉。初义但云不为外物拘牵而已，无胜义亦无劣义也。"①严复同时也看到中国传统国家治理经验中更无自由之意："政界自由之义，原为我国所不谈。即自唐虞三代，至于今时，中国言治之书，浩如烟海，亦未闻有持民得自由，即为治道之盛者。"②然而中国古代也存在某些与自由相类似的元素，他说："中国道理与西法自由最相似者，曰恕，曰絜矩。然谓之相似则可，谓之真同则大不可也。何则？中国恕与絜矩，专以待人及物而言。而西人自由，则于及物之中，而实寓以存我者也。"③中国的道理主要是接人待物宽厚谦虚的修养，西方讲自由则是在人际交互关系中强调个人角色确证与价值实现。在此基础上，严复分析了中国与西方在政治体制、社会风气、思想观念方面的种种差异，得出的基本结论是西方"皆有以胜我者也"。

正是因为西方国家倡导自由，且"人得自由，而以他人之自由为界"④，故培育出平等的观念，他讲："（西方）政教之施，以平等自由为宗旨。"⑤"自由者，各尽其天赋之能事，而自承之功过也……故言自由，则不可以不明平等，平等而后有自主之权；合自主之权，于以治一群之事者，谓之民主。"⑥自由平等的人相互竞争，发挥所长，彼此尊重各自权利边界，合平等自由以成民主。这样的观念造就了西方国家的富强，也是其政治制度的本质特征。至此，与同时代的其他思想家相比，严复基本把握到了自由的核心内涵。进而，站在富强话语逻辑的立场上，他着重强调自由与富强的内在关联，试图通过宣介

① 《严复集》（第1册），中华书局，1986年，第132页。

② 《严复集》（第5册），中华书局，1986年，第1279页。

③ 《严复集》（第1册），中华书局，1986年，第3页。

④ 《严复集》（第5册），中华书局，1986年，第1348~1349页。

⑤ 《严复集》（第1册），中华书局，1986年，第24页。

⑥ 同上，第118页。

进化论思想，论证中国实现富强的可靠途径即是培育自由、平等的思维观念。严复援引阐释达尔文和斯宾塞的进化论，强调："宗天演之术，以大阐人伦治化之事。"①率先开启了中国社会达尔文主义思潮的勃兴。在他看来，进化论能够解释社会发展规律，即"知治乱盛衰之故"，"能有修齐治平之功"。②无论是国家还是个人，都受这个规律的约束。"盖生民之大要三，而强弱存亡莫不视此：一曰血气体力之强，二曰聪明智虑之强，三曰德行仁义之强。是以西洋观化言治之家，莫不以民力、民智、民德三者断民种之高下，未有三者备而民生不优，亦未有三者备而国威不备者也。"③

简单地说，他看到了个体强弱与国家强弱之间存在必然关联，而且实现个体在力、智、德三个方面的培育是实现国家富强的前提。于是，他开出了中国实现富强的一个基本理念：鼓民力、开民智、新民德，进而实现人人自由，国国自由。"夫所谓富强云者，质而言之，不外利民云尔。然政欲利民，必自民各能自利始；民各能自利，又必自皆得自由始；欲听其皆得自由，尤必自其各能自治始；反是且乱。顾彼民之能自治而自由者，皆其力、其智、其德诚优者也。是以今日要政，统于三端：一曰鼓民力，二曰开民智，三曰新民德。"④同时，他提醒时人应认识到实现富强的各种手段和途径有性质上的不同，有些是治标的，有些是治本的，有些举措解决的是燃眉之急，有些举措亦可以徐而图之，而此三点乃是解决中国根本问题的急务。用他的话讲："夫为一弱于群强之间，政之所施，固常有标本缓急之可论。唯是使三者诚进，则其治标而标立；三者不进，则其标虽治，终亦无功；此舍本言标之所为为无当也。"⑤

毫无疑问，严复的自由观是在寻求国家富强与实现现代转型的双重框架内构建起来的。那么如何理解其自由观之于中国的意义也是需要思考的

---

① 《严复集》(第1册)，中华书局，1986年，第6页。
②③　同上，第18页。
④⑤　同上，第27页。

话题。有观点认为,严复对自由的解说建立在他对国家窘境的敏锐观察上,与其他人类似,严复的主旨在于通过实现自由(包括平等、民主)等达到使国家富强的目标,自由作为工具理性的价值优先于其价值理性。如史华慈指出,严复的自由观与他所关注的密尔对自由的理解存在重大差别:"在严复的关注中,占突出地位的仍然是对国家存亡的极大忧虑……假如说穆勒常以个人自由为目的本身,那么,严复则把个人自由变成一个促进'民智民德'以及达到国家目的的手段。"①也有反驳者如黄克武指出:"严复对个人的看法并不完全是由'富强'观念所决定的,史华慈没有注意到严复从儒家'由己'的角度可以了解并欣赏弥尔对个人的强调,在他的译笔下,个人并没有沦为国家富强的工具。"②还有学者批评道:"严复在引进自由主义时所持的工具主义态度,为后人冷落甚至放弃自由主义铺平了道路。"③

应该这样看,严复和他同时代其他思想者们无论提出何种政治命题、实践方案,首要是对中西方差距、民族危亡、国家积弱、社会落后、民众蒙昧等直观感受的结果,在面临如此时代问题时,思想家们的观点必然带有深刻的时代印记。他们也正是在先进与落后、强大与弱小的强烈对比中体悟、探究公共生活如何优化,如何推动政治生活进步。在他们眼中,构建更优良的公共生活的首要话题是实现富强。某种意义上讲,如自由、平等、公正等政治哲学话语之所以能够成为解决人类一般性问题的普遍道德法则,恰恰是建立在各个时代思想家们各自寻求解决他们需要应对的时代问题时,给出的不同解说与诠释而逐渐沉淀积累起来的。严复的自由观当然也绕不开他面对

① ［美］史华慈:《寻求富强:严复与西方》,叶凤美译,江苏人民出版社,1996年,第60~61页。

② 刘桂生等编:《严复思想新论》,清华大学出版社,1999年,第170页。

③ 张晓平、张云秀:《自由主义之殇:论近代中国社会转型中的自由主义》,《理论探讨》,2004年第2期。

的时代问题,以自由为体、民主为用的重要论断无疑是为政治进步开出的药方。但这并不排斥和影响严复关于自由的价值倾向有着与密尔等类似的理解。正如前文所言,严复强调自由对国家的重要是建立在张扬个体自由的基础上的,个体自由实现之后,国家自由才可能,"反是且乱"。他认识到了自由的价值理性维度而非只是工具,个体自由之于群体、国家而言,具有优先性,符合自由主义思想家们的本意。故有言:"善为国者,不惟不忌其民之自由也,乃辅翼相劝,求其民之克享其自由,积其民小己自由,以为其国全体之自由。"①由是可见,严复倡导自由并非仅是解决国家民族走向富强的权宜之计,也是对自由价值理性的张扬。

再者,严复的自由观既是道德哲学法则,也是政治哲学原则。他眼中的个体自由落实在群体生活之中,始终在个体与群体,个人与国家的关系架构上讨论自由。他明确指出:"伦学中个人自由,即系个人对于社会之自由。""一群人民,为政府所管辖,惟管辖而过,于是反抗之自由主义生焉。"②个人自由的边界一是以他人自由为限,二是以政府管辖为限。除了个人与个人之间的自由边界,作为公权力的政府也有义务限定其管辖界限与尺度,个人的自由权利与政府的义务是相辅相成的。可以说,将自由放置在具体政治实践中展开讨论是严复自由观的核心特色之一,其从道德哲学向政治哲学延展的论说逻辑也是后来其他自由主义者普遍使用的话语策略。可以讲,严复奠定了中国近代自由主义话语逻辑的大体格局,是为近代自由主义首创者的地位毋庸置疑。他开拓的自由主义话语论证模式,无论是支持还是反对,都是后来者们绕不过去的话题。

---

① 严复译:《群己权界论》,商务印书馆,1981年,第119页。
② 《严复集》(第5册),中华书局,1986年,第1282页。

二、启蒙思想家群体与自由主义思潮发展

　　如果说20世纪二三十年代中国的自由主义者们自觉地成为一个统一团体的话,部分原因是由于他们是一群普遍接受过西方系统教育的学者、评论家、教育家。陈独秀、李大钊、胡适等人即是启蒙思想家群体中的典型代表。新文化运动时期,他们大倡自由,以自由主义话语作为思想启蒙核心话语策略,进而推动了近代中国自由主义思潮的新发展。

　　从自由主义话语资源方面看,以《新青年》为宣介阵地的启蒙思想家们大抵杂糅并接续了英美自由主义话语的个人主义观念与法国自由主义话语的主权在民思想。以陈独秀为例,他把"个人主义"归结为西方国家的根本思想,将个人主义与自由、人权相勾连。"西洋民族自古迄今,彻头彻尾个人主义之民族也。英美如此,法德亦何独不然? 尼采如此,康德亦何独不然? 举一切伦理,道德,政治,法律,社会之所向往,国家之所祈求,拥护个人之自由权利与幸福而已……个人之自由权利,载诸宪章,国法不得而剥夺之,所谓人权是也。人权者,成人以往,自非奴隶,悉享此权,无有差别。此纯粹个人主义之大精神也。"[1]虽然陈独秀认为个人主义是欧美世界自由主义传统中的普遍本质,事实上是对西方两种自由主义传统存在一定误解(个人主义在法国思想中显然不是主流),但他深受英美自由主义传统的影响则表现得非常明显。而对于主权在民的理念,陈独秀则明确接受了卢梭的主张,他讲:"民主国家,真国家也,国民之公产也。以人民为主人,以执政为公仆者也。"[2]同陈独秀相比, 胡适则更坚定地站在个人主义的立场上理解自由主义:"争取你们个人的自由,便是为国家争自由,争你们自己的人格,便是为国家争人格!

---

① 《独秀文存》(第1册),外文出版社,2013年,第36页。
② 同上,第23页。

自由平等的国家不是一群奴才建造得起来的。"①

　　今天看来，西方自由主义思想话语存在经验主义与建构主义两种思考范式以及由此开拓出的两种自由主义思想传统，从柏林到哈耶克等历代自由主义思想家对此从不同角度都有深刻的辨析。陈独秀等中国启蒙思想家们显然不可能有如此丰富的认识，但这并不妨害他们把握自由主义价值系统的某些主旨，如独立自主、思想言论自由、崇尚个体权利、主权在民。客观地讲，这些思想资源对于20世纪早期中国而言已经是极为宝贵的启蒙知识。时人可以从启蒙思想家们那里大体把握到现代国家的主旨、个人之于政治共同体的意义，认识到自由主义的基本价值诉求。

　　与严复相比，启蒙思想家们更进一步把握到自由主义的丰富内涵。将近代中国救亡图存与走向现代并置的社会发展逻辑推向新的阶段。他们充分肯定自由主义的价值理性。正如李大钊所言："自由为人类生存必需之要求，无自由则无生存之价值……人类生活史上之一切努力，罔不为求得自由而始然者。"②在此，自由非惟救亡的手段，追求自由本身即人生的目的。那么作为价值理性的自由，要求在哪些方面努力呢？李大钊、陈独秀、胡适等人对此有非常详尽的表述。自由意味着独立自主和解放。他们针对传统社会无独立人格和自主意识的弊端，提出："冲决过去历史之网罗"，"完其自主自由人格"，全面否定封建礼教对人格的束缚。李大钊批判传统社会中的人"失去独立自主之人格，堕于奴隶服从之地位"③。陈独秀讲新青年，"一切操行，一切权利，一切信仰，唯听命各自固有之智能"④。胡适认为独立自主立足于事实，用负责任的思索表达各自的独立见解。他批评那些没有独立立场的人道：

---

　　① 胡适：《非个人主义的新生活》，转载于欧阳哲生主编：《胡适：告诫人生》，九洲图书出版社，1998年，第90页。

　　② 《李大钊文集》（上），人民出版社，1984年，第244页。

　　③ 同上，第167页。

　　④ 《陈独秀著作选》（第1册），生活·读书·新知三联书店，1986年，第130页。

"现今有许多人所以不能独立,只是因为不能用思考与事实去打破他们的成见;又有一种人所以不能独立,只是因为他们不能抵御时髦的诱惑。"①可见,传统社会的道德观极大束缚了个体理性和自主意识的发挥,自由作为人生最值得追求的善品,首要的是拥有独立自主的意识与能力,自主人格方能得到健全。进而,摆脱束缚,获得解放成为他们关注的重要话题。陈独秀讲:"解放云者,脱离夫奴隶之羁绊,以完其独立自主自由之人格之谓也。"②李大钊讲:"近世之文明,解放之文明也。近世国民之运动,解放之运动也。解放者何? 即将多数各个之权利由来为少数专制之向心力所吸收、侵蚀、陵压、束缚者,依离心力以求解脱而伸其个性复其自由之谓也。"③简单地说,自由意味着解放。

此外,自由还指向了明确界定个体同国家之间的各自边界,尊重人权即是国家之于个人的责任。个体与群体,个人与国家应为何种关系是自由主义者们始终面对的重要话题。当胡适着力强调个体自由优先时,并不是一味否定群体和国家的价值。他倡导"健全的个人主义人生观",而非狭隘的"为我主义"(今人或称之谓极端个人主义)。真正的个人主义是拥有独立思想并能为之负责。遵从真理,不怕权威,不计较个人利害。个人与群体不是互相否定的紧张对立,而是"利我亦利他"的对立统一。他强调:"个人是社会上无数势力所造成的;改造社会须从改造这些造成社会、造成个人的种种势力做起;改造社会即是改造个人。"④作为早期马克思主义者,李大钊也不认为社会主义会侵蚀个人主义所秉持的自由。他说:"真正合理的个人主义,没有为了个体自由而不顾社会秩序的;而真正合理的社会主义,也没有为了集体利益而不顾个人自由的……我们所要求的自由,是秩序中的自由;我们所要求的秩

---

① 胡适:《独立评论》第51号,1933年5月21日。

② 《陈独秀著作选》(第1册),生活·读书·新知三联书店,1986年,第130页。

③ 《李大钊文集》(上),人民出版社,1984年,第485页。

④ 《胡适文存》(第1册卷四),台北远东图书公司,1974年,第750页。

序,是自由间的秩序。"①胡适、李大钊相信,自由主义所倡导的个体与群体,个人与国家关系只要求各自处在适当的位置,彼此不超越各自界限。那么从自由的内涵上讲,尊重人权,特别是自由权即是国家对民众的责任。与胡、李二人相同,陈独秀也通过个人与政府之关系解说人权。他援引洛克的天赋人权观和契约论,指出:"人权者,个人之自由也,家主权也,财产权也。此等权利皆建基于自然教义之上,皆神圣也。人类之创设政府,为互相守护此等权利耳。为政府者不可不卫此天然权利。人民服从之者,唯此条件之故,政府试侵犯之,即失去其存在之理由,盖彼此破坏授彼此以权之契约,凡属公民,人人得而反抗之也。"②除了人身、财产权利,他们还强调思想及言论自由、经济生产生活自由等。在这些领域,公共权力不得干预,这一时期的自由主义者眼中的政府,近似于英国古典主义守夜人式的有限政府。然而也正因为陈独秀、李大钊等人逐渐意识到现实困境无法倚仗自由主义近乎教条式的理想去解决时,他们才实现又一次思想跨越,成为早期马克思主义思想家。

胡适这样坚定的自由主义思想家在经过20世纪30年代那场持续数年人权抗争的现实挤压后,除了其本人一度陷入失望,以他为旗帜的英美自由主义传统思想在中国也日渐式微。虽然如此,从自由主义发展进程上看,启蒙思想家们无论是实现了转型还是坚守,都并不妨碍他们在一段时期对自由主义在中国进一步传播和深化的事实。尤其是如陈独秀、李大钊和胡适这样的新派知识分子在看待现代性知识和价值时超越了体用逻辑,救亡富强与走向现代、价值理性与工具理性、目的与手段等二元对立的思想方式在他们那里得到部分消解。这无疑更有助于现代性价值在近代中国的传播、渗透与本土化。然而确实地讲,他们并没有彻底完成思想方式的清理工作。某种意

---

① 李大钊:《自由与秩序》,转载于高瑞泉编:《向着新的理想社会:李大钊文选》,上海远东出版社,1995年,第379~380页。

② 《新青年》一卷,4号。

义上说,这似乎也是自由主义在近代中国继续深化的瓶颈之一。

三、自由主义的本土化困境

自由主义作为现代政治生活的核心价值之一,深刻影响和改变着近代以来包括中国在内的政治实践和思想方式。然而作为一种延续几百年的思想资源,其在中国经历了数十年间本土化过程后便日渐式微,其中缘由很值得反省。

自由主义的内涵和功能在本土化过程中被片面择取与放大。自由主义是资本主义经济生产方式、政治实践模式、社会运行样态及思想文化观念的综合理论成果。在长期的衍生发展历程中各种思想家对其有着不同的解说,但就其主旨而言,逐渐形成了一整套道德、政治的完备性学说。西方社会进程孕育了自由主义思想,而这套完备性学说又不断强化着西方现代政治建设。当自由主义传播到中国后,如严复等人,在庞大的自由主义谱系中有意识地择取(至少偏向于)以边沁—密尔为思想大纛的19世纪功利主义自由主义。自由主义在中国萌芽之时,便脱离了古典自由主义的思想源泉,越过了其萌芽时宗教性的人神之辩,而直指个人与国家的关系。中国的自由主义传播者们无法将自由主义完整地理解和解说给国人。当然,片面地择取也并非思想家们认识偏颇,当他们面对救亡图存的时代难题时,如何以一种最有效率的方式改变现状是被优先考虑的;如何以自由话语破解传统社会的封闭与专断比完整解说自由主义的来龙去脉更为思想家们关切。"西方个人自由观念导出个人价值在伦理上的基设,而'五四'时代,个人自由的观念却是随着反抗中国传统社会与文化对个人的压抑而增强的。"①

自由主义在中国传播的目的,以及如何运用自由主义价值系统,与其诞

---

① ［美］林毓生:《中国传统的创造性转化》,生活·读书·新知三联书店,1988年,第163页。

生之初的思想功能有极大差异。当自由主义解决中国危局表现出乏力时,其思想方式、价值倾向、理论格局便也随之遭受质疑甚至被抛弃。事实上正如胡伟希所言:"自由主义主要并不承当工具理性的功能,故当其被运用于中国的社会改造实践时,同样也不能很好地解决救亡与救贫这类问题……这种现实困境的产生,与其说由于他们错误地选择了自由主义,不如说在于他们错误地选择了实现自由主义的时机。而更正确地说,是中国近代的客观情势根本没有为他们提供自由主义可以付诸实现的机会。"①简单地讲,近代中国迫切要求解决的时代问题是救亡与启蒙,但救亡优先于启蒙,而自由主义终究无法承担解决救亡的任务。

自由主义价值系统的本土化并不具备可靠的社会环境。只有极少数受过良好教育的知识分子能够理解和接受自由主义的内涵与价值取向,绝大多数普通民众并不能理解自由为何物,使其无法成为激励国民,特别是底层人民争取自身解放的思想武器。胡适言:"我国情去共和资格远甚远甚,百人中不可得一人识字,千人中不可得一人可与道常识,百万人中不必得一人可与言外情,达治理。众愚如此,吾诚不知与谁言共和也。"②在西方,自由主义之所以能够成为主流价值观,根本在于千千万万普通民众在几百年与教权、政权的博弈抗争与妥协过程中逐渐萌生、丰富并深化了对自由价值的认识和接受程度。人们在宗教改革和启蒙运动中重新定义人的价值,认识到个体自由是生命价值的本质诉求。资本主义生产生活方式造就了他们的权利意识,权利意味着可以自主地选择生活方式,自由地创造个人福祉。自由主义知识话语持续不断地规训着西方民众思维和行为。可见,自由主义的生根发芽需要特定的社会条件和民众智识水平,而近代中国资本主义虽然得到初步发展,但远未及欧美国家之发达程度。百余年的外忧内患也严重限制了资

---

① 胡伟希:《理性与乌托邦》,转载于许纪霖编:《二十世纪中国思想史论》(下),东方出版中心,2000年,第22、25页。

② 《胡适留学日记》,商务印书馆,1959年,第493页。

本主义进一步繁荣,它极大限制了自由主义在中国的本土化。再者,在近代中国得以传播的西方知识不仅自由主义一种,如卢梭式的激进民主理论、马克思主义、法西斯主义等各种思潮一并兴起,碎片化的社会结构和复杂的现实环境使得每一种思潮都有其传播空间,这在一定程度上也分化了自由主义在近代中国的拥趸。

自由主义从严复到胡适、陈独秀等乃至今日,经历一百多年的流变和本土化过程。它是一种价值观念、思想流派和产生过一定影响力的政治势力,然而最终未能成为当下中国政治价值系统与实践的主流话语。站在今天的立场看,其缘由恐怕并不是我们不理解、拒斥,或是说它根本就是一种"反动学说"等可以简单概括的。作为一种思想资源,任何现代社会都不可能拒斥自由对于其成员乃至整个政治共同体的价值。它是人类共同的可贵精神财富,是任何一个现代文明国家的核心价值之一。此外,如何把握自由主义的庞大知识系统? 特别是在一个不具备自由主义传统的国家里,在何种维度和尺度上接纳其给予我们的思想红利? 这些却是必须给予认真对待的理论话题。自由主义在近代中国传播历程及其本土化困境为当下的人们提供了历史经验,从中至少我们可以认识到:自由主义既不是反动透顶的洪水猛兽也不是包治百病的灵丹妙药。它只是作为一种解决中国问题的方案被当时的一部分思想精英、政治精英们所推崇,然而并没有承担起近代社会救亡与启蒙的重任。但这并不妨碍站在前人思索的基础上继续反省,以今日的知识水平和社会环境为前提,继续审慎对待自由主义,才有可能跳出全盘接受和坚决拒斥的两种错误观念,不断深入理解自由主义的一般性价值及其中国意义。

第二节
改革派思想家民主思想衍生脉络

如果选取一个侧面来观照中国政治现代化过程的话，追求民主政治无疑是其自始至终的理论话题。自19世纪中叶开始，中国的思想精英们便不断探究民主政治建设方案，作为政治发展的过程，时至今日，民主政治建设仍是当代中国的重大理论和现实话题。一百多年来，人们之所以对其抱有如此深厚的热忱，或许有这样三个理由：其一，思想家们将建设民主政治视之为实现国家富强的关键因素，认为民主是解决中国问题的不二法门；其二，他们认定民主是不可回避的大趋势，在社会进化论思潮影响下，民主政治是竞争、淘汰、选择的结果，中国也绝无可能绕过民主另辟蹊径；其三，民主政治建设是一个过程，概念认知与政治实践深受社会变革、思想变革等因素制约，只有将观念中的民主放置在特定的、具体的政治实践空间中加以思索才具有现实意义，否则都将沦为不切实际的空谈。带着这样的认识，回顾近代特别是民主思想初步形成阶段国人对民主概念的理解，正本清源，有益于今天我们给予民主以恰当的估价，同时也尝试更加合理地分析、把握民主思想近代流变的理论旨趣及其特质。

一、"放眼看世界"与民主制度的碎片化传播

鸦片战争失败后，魏源、徐继畬、梁廷楠等一批有识之士倡导"放眼看世

界"、探究"夷情""夷事",在此过程中,他们不仅看到西方技术之先进、社会之繁荣,同时也发现西方人的政治运作与中国大有不同。虽然此时他们尚不知民主为何物,但或许出于思想者的警觉,在众多书籍资料中都不同程度地记录了西方国家,特别是英、美两国政治运作情况。

魏源在《海国图志》中记载了英国议会,将其音译为"巴厘满":"用兵、和战之事,虽国王裁夺,亦必由巴厘满议允。国王行事有失,将承行之人,交巴厘满议罚。凡新政条例,新设职官,增减税饷及行楮币,皆王颁巴厘满,转行甘文好司而分布之,惟除授大臣及刑官,则权在国王。各官承行之事,得失勤怠,每岁终会核于巴厘满,而行其黜陟。"①此段记载记录了英国议会制度运行,议会与国王分权职责。无独有偶,梁廷楠、徐继畬等人也不同程度地介绍了英国议会制度。梁廷楠在《海国四说》记载"巴里满":"其会同议国事署曰巴里满。凡王新立,先集官民于署,议其可否。大事则王与官民同入署议。会议必三,为期,非录用大臣及刑杀职官,虽兵事亦必下署议准乃行。一切创例、置官及增减税饷、行用楮币,皆由本署转行甘文司分布。王处断或谬误,例责奉行者,由署议所罚。职官则于岁中会酄,别其功过而黜陟之。"②可见,魏梁二人对英国议会的认识大体相近。徐继畬《瀛寰志略》中则更进一步,非常详细地介绍了议会上、下两院的议事分工、议员罢免、重大决策、立法、税收等事务:(英国)

都城有公会所,内分两所,一曰爵房,一曰乡绅房。爵房者,有爵位贵人及西教师处之;乡绅房者,有庶民推择优才识学术者处之。国有大事,王谕相,相告爵房聚众公议,参以条例,决其可否,复转告乡绅房,必乡绅大众允诺而后行,否则寝其事勿论。其民间有利病欲兴除者,先陈说于乡绅房,乡绅酌核,上之爵房,爵房酌议,可行则上之乡而闻于王,

① 魏源:《海国图志》(卷50),《大西洋英吉利国一》。
② 梁廷楠:《海国四说》,中华书局,1993年,第136页。

否则报罢。民间有控诉者,亦赴乡绅房具状,乡绅斟酌拟批,上之爵房核定。乡绅有罪,令众乡绅议治之,不与庶民同囚禁。大约刑赏、征伐、条例诸事,有爵者主议;增减课税、筹办帑饷,则全由乡绅主议。①

此外,《海国图志》还记载了当时与中国并无太多联系的墨利加州,即美国,甚至还赞扬其总统制"其章程可垂奕世而无弊":"公举一大酋总摄之,匪惟不世及,且不四载即受代,一变古今官家之局,而人心翕然,可不谓公乎?议事听讼,选官举贤,皆自下始,众可可之,众否否之,众好好之,众恶恶之,三占从二,舍独徇同。即在下预议之人,亦先由公举,可不谓周乎?"②徐继畲也非常倾慕美国共和制度,对华盛顿总统更是大加赞赏:"华盛顿,异人也。起事用于胜、广,割据雄于曹、刘。既已提三尺剑,开疆万里,乃不僭位号,不传子孙,而创为推举之法,几于天下为公,骎骎乎三代之遗意。其治国崇让善俗,不尚武功,亦迥与诸国异。"③在他看来,"异人"华盛顿不贪恋权位,创制了美国的民主共和制度:"顿既定国,谢兵柄,欲归田年众不肯舍,坚推立为国主,顿乃与众议曰:'得国而传子孙,是私也。牧民之任,宜择有德者为之。'仍各部之旧,分建为国,每国正统领一,副统领佐之,以四年为任满,集部众议之,众皆曰贤,则再留四年。否则推其副者为正,副或不协人望,则别行推择乡邑之长,各以所推书姓名投匦中,毕则启匦,视所推独多者立之,或官吏、或庶民,不拘资格。退位之统领匦依然与齐民齿,无所异也。各国正统领之中,又推一总统领专主会盟、战伐之事,各国皆听命,其推择之法与推择各国统领同,亦以四年为任满,再任则八年。"④从这段话不难发现,徐继畲虽然对美国总统制和建国史的理解存在不少的误会,但大体上能够认识到美国民主

① 徐继畲:《瀛寰志略》,上海书店出版社,2001年,第235页。
② 魏源:《海国图志》卷59《外大西洋墨利加州总叙》。
③ 徐继畲:《瀛寰志略》,上海书店出版社,2001年,第277页。
④ 同上,第291页。

政治的主要特征,已实属不易。梁廷楠的认识比徐更贴近真实,他不仅介绍了美国选举"统领"的方式,同时也详细记录了美式议会选举制度。他讲:(美国)"通国设一统领,又设一副统领为之佐,使总理各省之事,周四年则别举以代之,是为一次。其为众所悦服,不欲别议者,得再留四年。虽贤,不能逾八年两次以外……其下则为议事阁官,省各二人。又下为选议处官,省各数人……议事阁官计五十有二人。分三等,每等阅六年为一任,以两年轮退其三之一,退则补新者,再二年旧者亦还补,至六年乃全退,先后不得不略有参错。选议处则多至二百四十有三人……凡国事既与民共议,议事之民,必慎选之。选之则自县始,县选于众,年未二十一者不与也。"①梁廷楠评价美国政治制度的好处在于"凡事无大小缓急,必集议而后行。议必按例,否则虽统领不自专"②。这样一来能够保证行政权在法律规制之下,不以私废法,没有人可以越法专断。

上述几人均对英、美政治制度持积极赞赏态度,但受限于当时知识传播条件,他们对民主制度的理解都只存留于表现,甚至有些许误会。然而值得欣慰的是,中国近代这批最早看世界的思想者们已经能够将民主制度与传统语境中的"公天下"联系在一起,这为后来民主政治在中国进一步传播奠定了良好的基础。

第二次鸦片战争后,中国进入世界体系的步伐加快,与西方国家交流日益增多。又涌现出如郭嵩焘、薛福成等政治思想精英,对西方民主政治的把握较之前人有了更深层次的理解。他们不拘泥于宣介某一国政治运作,而是能够站在宏观角度把握西方民主政治的总体格局、总结分类并与中国政治运作进行比对分析。郭嵩焘极力肯定民主制度,甚至认为在民主机制下,西方国君比中国统治者更高尚,乃至超越"三代明君":"西洋君德,视中国三代

---

① 梁廷楠:《海国四说》,中华书局,1993年,第73~76页。
② 同上,第77页。

令主,无有能庶几者。即伊、周之相业,亦未有闻焉。而国政一公之臣民,其君不以为私。其择官治事,亦有阶级资格,而所用必皆贤能,一与其臣民共之。"①"三代有道圣人,非西洋所能及也……圣人之治民以德,德有盛衰,天下随之以治乱……西洋治民以法。法者,人己兼治者也,故推其法以绳之诸国,责其望常迫。其法日修,即中国之受患亦日棘,殆将有穷于自立之势矣。"②郭嵩焘清楚地看到民主政治作为一种权力运作机制的可持续性,较之人亡政息的传统人治策略更加优良,所以中国应该学习,否则"将有穷于自立"。

薛福成将各国政治制度进行归纳和对比,总结为君主之国、民主之国和君民共主之国。"君主之国,主权甚重,操纵伸缩,择利而行。其柄在上,莫有能旁挠之者,苟得贤圣之主,其功德岂有涯哉!然其弊在上重下轻,或役民如牛马,俾无安乐自得之趣,如俄国之政俗是也。而况舆情不通,公论不伸,一人之精神不能贯注于通国,则诸务有堕坏于冥冥之中者矣。"民主之国"其政权全在议院,而伯理玺天德无权"。君民共主之国"其政权亦在议院,大约民权十之七八,君权十之二三。君主之胜于伯理玺天德者几无,不过世袭君位而已"。③在他看来,民主政治有其优势,同时也有其弊端。"大抵民主之国,政柄在贫贱之愚民……美国之政,惟民是主。其法虽公,而其弊亦有不胜枚举者……民主之国,其用人行政,可以集思广益,曲顺舆情。为君者不能以一人肆于民上,而纵其无等之欲;即其将相诸大臣,亦皆今日为官,明日即可为民,不敢有恃势凌人之意。此合于孟子'民为贵'之说,政之所以公而溥也。"同时,"其弊在朋党角立,互相争胜,甚且各挟私见,而不问国事之损益;其君若相,或存'五日京兆'之心,不肯担荷重责,则权不一而志不齐矣"。④从薛福成的论述可以看到,他已经开始有意识地反省各种政体制度在具体运作过

① 钱锺书:《郭嵩焘等使西记六种》,生活·读书·新知三联书店,1998年,第148页。
② 同上,第190页。
③④ 同上,第308、311页。

程中的优劣,他批评君主制度可能存在惰政,而似乎也看到民主制度中政党政治可能存在党争损害国家利益,担心民主国家的君主、总统存"五日京兆"之心,不能勇于任事。薛福成的种种担心有其一定的道理,而且这种审慎的反思态度是前人所不具备的。当然,这一时期的思想家们在衡量民主制度优劣后主要还是持赞赏态度。

宋育仁就非常明确地将英国的富强归结为议会政治,他判断议会是英国立国的根本,也是其强大的原因。"其变僻陋为富强,全得力于议院。其尽变旧渐之华风,荡然尊卑之分,则由彼教导其源,而议院扬其波。深观得失,议院权虽偏重,而大通民隐,实为善政……政非议不成,议非众不公。而民众不能按户而说,执途而语,故由民举其能者、贤者,代民达隐,陈其所利,除其所害。故议院为欧洲近二百年振兴根本。自有议院,而君不能黩武、暴敛、逞刑、抑人才,进佞幸;官不能怙权、固位、枉法、营私、病民、蠹国……议院为其国国政治所在,即其国国本质所在,实其国人才之所在。"①

19世纪六七十年代的思想精英们已经开始独立思考政治制度优劣问题,在他们逐渐深入认识民主政治后,积极向国人传播。无论是早期魏、徐、梁等人还是稍晚些的郭、薛、宋,他们都碎片化地记录、介绍、比较、评价西方各国政治,虽然观点尚难称其成熟,但对于后来人在此基础上萌发自己关于民主的认识理解起到了引领性作用。

二、"君民共主"之民主意识

民主思想在经历过几十年碎片化传播后,国人开始主动思索民主制度对中国政治生活的意义。早期维新派人士如郑观应、王韬、陈炽、宋恕、何启、胡礼垣等人自觉地将民主思想与其变法主张结合在一起,"君民共主"式的

---

① 钱锺书:《郭嵩焘等使西记六种》,生活·读书·新知三联书店,1998年,第341、347页。

民主意识逐渐兴起,它可被看作是在近代萌生的第一种民主模式和主张。值得注意的是,此时期的思想家们首先将关注点放置在对专制制度及由其衍生的其他压迫制度的批判上,他们以"三代之治"为范本,批判秦以来的政治制度,这与以往思想家相比更具勇气。王韬言:"三代以上,君与民近而世治,三代一下,君与民日远而治道遂不古若。至于尊君卑臣,则自秦制始,于是堂廉高深,舆情隔阂,民之视君如仰天然……君既端拱于朝,尊无二上,而趋承之百执事出而莅民,亦无不尊,辄自以为朝廷之命官,尔曹当奉令承教,一或不遵,即可置之死地,尔其奈我何?惟知耗民财,殚民力,敲膏吸髓,无所不至,囊橐既饱,飞而扬去,其能实心为民者,无有也。夫设官本以治民,今则徒以殃民,不知立官以卫民,徒知剥民以奉官,其能心乎为民,而使之各得其所、各顺其情者,千百中或一二而已。呜呼!彼不知民虽知卑而不可犯也,民虽至愚而不可诳也。"①在他看来,秦代以后的君主和官僚都是专制制度的产物,其结果是君民相隔,百姓沦为君主统治的对象和工具,所谓"三代之治"的良好政治生活荡然无存。无独有偶,陈炽也同样认为三代时期的君民关系最为理想,"天生民而立之君,国家之设官,以为民也。三代以上为治也,君臣上下,汲汲然以教养为先,务治天下如国,治其国如家。井里桑麻,教之树畜,养民之政,若此其详也;庠序学校,申以孝悌,教民之事,如此其备也"②。他把上古时期描绘得非常理想,特别提出君主存在的目的是为民,国家官僚设置也是为民。而与之形成强烈对比的是"自秦而后,咈百姓以从己之欲,以天下奉一人,患其富而得众也,而务贫之;患其智而生事也,而务愚之;患其强而为乱也,而务弱之。先王教民养民之方,去之惟恐不尽……不教不养,以贫中国、愚中国、弱中国,暴秦之祸深矣!"③同样的,何启、胡礼垣也认识到专制制度对于国家的危害,权力集中无法保证决策永远合理,"中国立法行政,权皆

---

① 王韬:《弢园文录外编》,上海书店,2002年,第19、56页。

② 《陈炽集》,中华书局,1997年,第19~20页。

③ 同上,第105~106页。

由君,苟有不善,何以能救？"①何、胡二人清醒地看到专制制度造成了国家积贫积弱的现状："山多宝藏不能兴业也,水多货财不能殖也,道途跋涉舟车空也,城郭倾颓登冯寂也,官府豺狼民侧目也,厘卡贼盗旅裹足也,衙门苞苴无忌惮也,监牢第五绝祥刑也。士则习尚浮嚣,宜其蠹国也;农则不教稼穑,宜其惰偷也;工则不分良楛,宜其日拙也;商则贩运拮据,宜其滞鬻也。所以防奸者差役,而差役则勒索借端;所以保民者兵丁,而兵丁则以虚名应募;公道绝则事实废,国体弱则外侮生。"②简单地讲,专制制度是中国内忧外患的根源。

思想家们之所以如此批判专制制度,一个重要原因是,他们在接受西方民主思想侵染后,能够主动重新反思国家、君主、官僚及民众的关系,不再迷信以往根深蒂固的王朝逻辑和观念。郑观应在其《盛世危言》中综合分析美国、法国、德国、英国等制度优劣,对照中国实际情况,进而提出学习借鉴君主立宪制度的建议："五大洲有君主之国、有民主之国、有君民共主之国。君主者权偏于上,民主者权偏于下,君民共主者权得其平。凡事虽有上、下院议定,仍奏其君裁夺;君谓然,即签名准行;君谓否,则发下再议。其立法之善,思虑之密,无逾于此。此制既立,实合亿万人为一心矣……然博采旁参,美国议院则民权过重,因其本民主也。法国议院不免叫嚣之风,其人习气使然。斟酌损益适中经久者,则莫如英、德两国议院之制……盖有议院揽庶政之纲领,而后君相、臣民之气通,上下堂廉之隔去,举国之心志如一,百端皆有条不紊,为其君者恭己南面而已。故自有议院,而昏暴之君无所施其虐,跋扈之臣无所擅其权,大小官司无所卸其责,草野小民无所积其怨,故断不至数代而亡,一朝而灭也。"③郑氏认为,君民共主即是"君相、臣民之气通,上下堂廉之隔去",美国侧重民权,法国也相对激烈,英国、德国则是我们可以效仿的

---

① 冯天瑜、肖川评注:《劝学篇·劝学篇书后》,湖北人民出版社,2002年,第342页。

② 中国近代史资料丛刊《戊戌变法》(第1册),上海神州国光社,1953年,第187~188页。

③ 《郑观应集》(上册),上海人民出版社,1982年,第312、316页。

范本。

与其类似，王韬也将国家政体分为三类："一人主治于上而百执事万姓奔走于下，令出而必行，言出而莫违，此君主也。国家有事，下之议院，众以为可行则行，不可则止，统领但总其大成而已，此民主也。朝廷有兵刑礼乐赏罚诸大政，必集众于上下议院，君可而民否，不能行，民可而君否，亦不能行，必君民意见相同，而后可颁之于远近，此君民共主也。"①他总结君主、民主和君民共主三种制度，在此基础上认为，君民共主是最合理的制度安排。"论者谓，君为主，则必尧、舜之君在上，而后可久安长治；民为主，则法制多纷更，心志难专壹，究其极，不无流弊。惟君民共治，上下相通，民隐得以上达，君惠亦得以下逮，都俞吁咈，犹有中国三代以上之遗意焉。"②他尤其倾心英国君主立宪体制，赞其是各国典范："英国所恃者，在上下之情通，君民之分亲，本固邦宁，虽久不变。观其国中平日间政治，实有三代以上之遗意焉……泰西诸国，以英为巨擘，而英国政治之美，实为泰西诸国所闻风向慕，则以君民上下相互联络之效也。"③

陈炽也讲："今有国有君主者，俄罗斯、土耳其是已；有民主者，美利坚、法兰西、瑞士诸国是已；有君民共主者，英吉利、德意志、意大利诸国及东洋之日本是已。所谓君主者，有上议院，无下议院，军国大事概掌于官，而民不得预闻焉者也；所谓民主者，有下议院而无上议院，朝章国政及岁需之款，概决于民，而君亦几同守府者也。惟君民共主之国，有上议院，国家爵命之官也，有下议院，绅民公举之员也。院之或开或散有定期。事之或行或止有定论，人之或贤或否有定评，国用有例支、有公积，例支以给岁费，公积以备不虞，必君民上下询谋金同，始能动用，公积不足则各出私财以佐之，此所以举

---

①② 王韬：《弢园文录外编》，上海书店，2002年，第19页。

③ 同上，第20页。

无过言、行无废事、如身使臂、如臂使指、一心一德、合众志以成城也。"①上述思想家们的共识是,国家政体可以区分为君主专制、民主共和制和君主立宪制度,其核心判定标准是君民之间是否上下通气,而主要作用载体则是议会的形式及其运作规则。因此,他们不约而同地倡导应在中国开创议院制度,成为政治体制改革的早期先驱代表。

郑观应描述议院的作用:"议院者,公议政事之院也。集众思,广众益,用人行政一秉至公,法诚良、意诚美矣。无议院,则君民之间势多隔阂,志必乖违。力以权分,权分而力若,虽立乎万国公法之中,必至有公不公、法不法,环起交攻之势。故欲借公法以维大局,必先设议院以固民心。"②"凡有国事,先令下院议定,详达上院。上院议定,奏闻国主。若两院意议符合,则国主决其从违。倘彼此参差,则或令停止不议,或覆议而后定。故泰西政事举国咸知,所以通上下之情,期措施之善也。"③他认为,议院是决公事的地方,公事则必须上下通情,国家政事上下通情才能实施正确的政治举措,国家才能富强。因此,他强烈呼吁道:"欲行公法,莫要于张国势;欲张国势,莫要于得民心;欲得民心,莫要于通下情;欲通下情,莫要于设议院。中国而终自弱,不欲富国强兵,为天下之望国也,则亦已耳;苟欲安内攘外,君国子民,持公法以保太平之局,其必自设立议院始矣!"④设立议院是通下情、得民心、张国势的途径。他进一步反省中国国势之颓指出:"中国户口不下四万万,国能设立议院,联络众情,如身使臂,如臂使指,合四万万之众如一人,虽以并吞四海无难也。何至于坐视彼族越九万里而群逞披猖,肆其非分之请,要以无礼之求,事无大小,一有龃龉动辄称戈,显违公法哉!故议院者,大用之则大效,小用之则小效者也。"⑤从郑观应的言说中可以发现,他将国家贫弱与富强与是否

---

① 《陈炽集》,中华书局,1997年,第107页。
② 《郑观应集》(上册),上海人民出版社,1982年,第311页。
③ 同上,第103页。
④ 同上,第313页。
⑤ 同上,第314页。

开议院关联在一起,认为中国应开设议院,"合四万万之众如一人",抵御外侮,实现富强。宋恕也曾上书李鸿章,讲述开设议院的重要性:"变法之说,更仆难终,请为相公先陈三始;欲兴兵、农、礼、乐之学,必自改试令始。三始之前,尚有一始,则曰:欲更官制、设议院、改试令,必自易西服始。"①陈炽讲:"泰西议院之法,本古人悬鞀建铎、闾师党正之遗意,合君民为一体,通上下为一心……英美各邦所以强兵富国、纵横四海之根源也。"②何启、胡礼垣也有:"夫天下公器也,国事公事也,公器公同、公事公办,自无不安,此选议员辟议院之谓也……故议院之法立,则奕世无失德之君,国运之隆,将继继绳绳与民无极矣……是直使天下为一家,中国为一人也。长治久安,必基于此。"③除了强调议院的重要,上述几人还分别具体设计了开设议院的大体框架,方案各异但主旨相近。大抵不外乎实现政事的集思广益、分权制约,以达到举国共识,形成合力。

综上所言,"君民共主"的政治制度形式是早期改革家们关于民主的最初认识,或者更确切地说,议院制就是君民共主,他们极力倡导开议院,主观意愿是改革旧政之弊,而客观上则萌生出初步的民主意识,虽然"民主"在他们思维里还没有明确的概念界定。这为后来康有为、梁启超、严复等思想家的出现开拓了话题论域,早期改革思想家们的某些真知灼见亦可为今人思考民主问题的重要参考。

三、作为民权的民主

及至19世纪90年代,新一批改革派思想家逐渐走入思想舞台,他们在前人基础上进一步理解西方政治制度,在思想广度与深度方面均较之前人有

---

① 《宋恕集》,中华书局,1993年,第150页。

② 《陈炽集》,中华书局,1997年,第107页。

③ 中国近代史资料丛刊《戊戌变法》(第1册),上海神州国光社,1953年,第200~201页。

了长足的进步。康有为、梁启超、严复等即是其中杰出代表。这群思想家以社会进化论历史观看待社会发展；激烈地批判君主专制制度；深化了对君权、民权、国家、民主、平等、自由等概念的认识和解读；倡导在中国实行君主立宪式的政治改革，进而形成一整套政治理论体系，成为19世纪、20世纪之交的一股重要的政治思想思潮与政治改革力量。

以社会进化论历史观看待政治变革是这一时期思想家们的特色之一。康有为借孔子提出他的社会进化论观点，将"公羊三世"说诠释为社会进化，进而解释政治改革："孔子之道又三统、三世，此盖藉三统以明三世，因推三世而及百世也……盖民俗相承，故后之起，不能不因于前朝，弊化宜革，故一代之兴，不能不损益为新制，人道进化皆有定位，自族制而为部落，而成国家，由国家而成大统。由独人而渐立酋长，由酋长而渐正君臣，由君主而渐为立宪，由立宪而渐为共和。由独人而渐为夫妇，由夫妇而渐定父子，由父子而兼锡尔类，由锡类而渐为大同，于是复为独人。盖自据乱进为升平，升平进为太平，进化有渐，因革有由，验之万国，莫不同风。"[1]按照他的说法，无论是个人还是团体生活，都是一个渐进进化的过程，所谓进化就是由据乱世到升平世再到太平世，与之对应的是君主专制、君主立宪、民主共和体制。这种理解被梁启超进一步发挥，他断定："盖地球之运，将入太平，固非泰西之所得专，亦非震旦之所得避。吾知不及百年，将举五洲而悉惟民从之。"[2]梁启超乐观地认为民主化是世界浪潮，中国既不能回避，又可以同西方共享。同时，政治制度变革是渐进的过程，梁启超发展了公羊三世说，提出"三世六别"：

治天下者有三世：一曰多君为政之世，二曰一君为政之世，三曰民为政之世。多君世之别有二：一曰酋长之世，二曰封建及世卿之世。一君世之别又有二：一曰君主之世，二曰君民共主之世。民政世之别亦有二：

---

① 康有为：《论语注》（卷2），中华书局，1984年，第27~28页。
② 梁启超：《饮冰室合集》（文集之二），中华书局，1989年，第11页。

一曰有总统之世,二曰无总统之世。多君者,据乱世之政也。一君者,升
平世之政也。民者,太平世之政也。此三世六别者,与地球始有人类以来
之,限,有相关之理,未及其世,不能躐之;既及其世,不能閟之。[①]

可见,实现民主政治是历史发展之必然,既不能脱离社会历史条件实现
跨越,也不会陷于停滞。康、梁二人托古喻今的诠释策略有益于时人理解民
主政治的概念和价值,具有鲜明的时代特色。

维新思想家们集体将矛头对准了君主专制制度以及由其衍生的各种伦
理观念。首先,他们看到,君主专制是中国积贫积弱的根源。康有为讲:"中国
败弱之由,百弊丛积,皆由体制尊隔之故。"[②]梁启超说:"君权日益尊,民权日
益衰,为中国政之根源。"[③]严复也认为,秦代以来的君主都是"窃国大盗",他
们是坏民才、散民力、漓民德的罪魁祸首,将民众驯化为奴仆。中国也无所谓
国家,"中国自秦以来,无所谓天下也,无所谓国家也,皆家而已。一姓之兴,
则亿兆为之臣妾。其兴也,此一家之兴也,其亡也,此一家之亡也。天子之一
身,兼宪法国家王者三大物,其家亡,则一切与之俱亡,而民人特奴婢之易主
者耳,乌有所谓长存者乎!"[④]谭嗣同形容君主:"竭天下之身命膏血,供其盘
乐怠傲,骄奢淫杀,滥纵百官,传之世世万代子孙。"[⑤]由此,"中国所以不可为
者,由上权太重,民权尽失。官权虽有所压,却能伸其胁民之权,昏暗残酷,胥
本于是"[⑥]。总之,他们的共识是,专制制度造就了君主权力无限,以民众为工
具、奴仆,国家沦为君主的私产。此外,康、严、谭等人有意识地重新反思君主
与民众的关系,自由、平等、权利等观念被纳入到他们的学说体系之中。在康

---

① 梁启超:《饮冰室合集》(文集之二),中华书局,1989年,第7页。
② 中国近代史资料丛刊《戊戌变法》(第2册),上海神州国光社,1953年,第204页。
③ 梁启超:《饮冰室合集》(文集之一),中华书局,1989年,第128页。
④ 《严复集》(第4册),中华书局,1986年,第948~949页。
⑤ 《谭嗣同全集》(增订本),中华书局,1981年,第339页。
⑥ 同上,第248页。

有为那里，人格独立、平等是"天予之人权也"，君民也应是平等的关系，"人皆天所生也，同为天之子，同此圆首方足之形，同在一族之中，至平等也"。①一切不平等的人际关系都是"失人道独立之义而损天赋人权之理"②。严复同样认为："侵人自由者，斯为逆天理，贼人道，其杀人伤人及盗蚀人财物，皆侵人自由之极致也。"③谭嗣同则从国家起源开始，认为："生民之初，本无所谓君臣，则皆民也。民不能相治，亦不暇治，于是共举一民为君……夫曰共举之，则因有民而后有君，君末也，民本也。"④

　　由上述说法不难看出，与早期改革派思想家不同，这一时期思想发展更趋近于对西方政治概念的援引和解读。民主思想与"民权"观念紧密联系在一起，而民权则囊括了自由、平等、权利等概念。康、梁等人重点对这些概念作了阐释。康有为率先提出平等是人的内在属性和理所当然的价值追求。"天之生物，人为最贵，有物有则，天赋定理，人人得之，人人皆可平等自立。"⑤平等不仅是道德诉求，也是社会进化的必然，故有："人人独立，人人平等，人人自主，人人不相侵犯，人人交相亲爱，此为人类之公理，而进化之至平者乎！"⑥因此，他在反省传统专制制度时呼吁实现平等"中国之俗，尊君卑臣，重男轻女，崇良抑贱……此恐非义理之至也……吾谓百年之后必变三者：君不专、臣不卑，男女轻重同，良贱齐一"⑦。在平等的基础上，君民关系则被重新定义，康有为讲："国之为国，聚民而成之，天生民而利乐之。民聚则谋公共安全之事，故一切礼乐政法皆以为民也。但民事众多，不能人人自为公共之事，必公举人任之。所谓君者，代众民任此公共保全安乐之事，为众民之所公

①②　康有为：《大同书》，中州古籍出版社，1988年，第78页。

③　《严复集》（第1册），中华书局，1986年，第3页。

④　《谭嗣同全集》（增订本），中华书局，1981年，第339页。

⑤　康有为：《孟子微》（卷1），中州古籍出版社，1987年，第7页。

⑥　同上，第23页。

⑦　《康有为全集》（第1册），上海古籍出版社，1992年，第189~190页。

举,即为众民之所公用。"①又说:"君者,代民司理,视民所举废也……君者,国民之代理人也。代理人以仁养民,以义护民,众人归心,乃谓之君。"②归纳起来,康有为认为君民是社会分工决定的,在道德意义上是平等的,而且君主之所以掌握统治权,是民众赋予其保护公共安乐的权力,而非传统意义上的君权天赋,天赋予的是每个人平等的权利,享有安乐生活的权利,此是为康有为眼中的民权。

梁启超则更进一步理解民权,将其与民主并置加以考察,"民权与民主二者,其训诂绝异。英国者,民权发达最早……而其今女皇,安富尊荣,为天下第一有福人"③。他慨叹时人误解民权的意义,误认为伸张民权就是打压君权,二者水火不容:"当道者忧之嫉之畏之如洪水猛兽,此无怪其然也。盖由不知民权与民主之别,而谓言民权者,必与所戴之君主为仇,则其忧之嫉之畏之也固宜,不知有君主之立宪,有民主之立宪,两者同为民权,而所以驯致之途,亦有由焉。"④他理解的民权大约符合本意,而所谓的民主在他看来更趋近于共和式的民主,不免有些片面化。不过,梁启超积极倡导兴民权,赞赏民主体制,"今之策中国者,必曰兴民权"⑤。"国之强弱悉推原于民主。"⑥他结合中国社会实际,提出欲伸民权,先伸绅权的改革逻辑,权力与民智相互对应,权生于智,"权者生于智者也,有一分之智,即有一分之权,有六七分之智,即有六七分之权,有十分之智,即有十分之权"⑦。

可以看出,梁启超的民权,是权力与权利的集合体,他还没有认识到底线权利应是无条件为所有民众所享有的,但在当时的历史条件下,能将君

---

① 康有为:《孟子微》(卷1),中州古籍出版社,1987年,第20页。
② 康有为:《孟子微》(卷4),中州古籍出版社,1987年,第107页。
③ 梁启超:《饮冰室合集》(文集之三),中华书局,1989年,第76页。
④ 梁启超:《饮冰室合集》(文集之五),中华书局,1989年,第4页。
⑤⑦ 梁启超:《饮冰室合集》(文集之三),中华书局,1989年,第41页。
⑥ 梁启超:《饮冰室合集》(文集之一),中华书局,1989年,第109页。

权、民权作出比较详细的梳理且大体符合现代政治价值亦实属不易。与康、梁相比，严复对西方政治概念的认识更贴近本意，特别是他对自由的理解可谓把握到其精神实质。他提出"自由为体，民主为用"的理念，强调自由是天赋神圣不可侵犯的基本权利，而民主则是实现自由的途径。因为只有民主才能实现"屈私以为公"，实现国家富强，人人自利而自由。可以说，严复的认识在当时具有开拓性的意义，民主作为工具理性的价值即是实现个体自由，实现团体的公共福祉。

综上所述，维新思想家们已经跳出君民共主的窠臼，在概念上虽一定程度上借助传统话语表述方式，但内在价值追求则完全倒向现代价值观，也存在理解上的局限。比如，他们还是把民作为一个团体性概念加以理解，民权与我们今天理解的人权还有不小差别，权力与权利的关系尚未得到彻底厘清，加之当时政治格局所限，他们最终的落脚点也只能说依托君主制，实现有限改革，即倡导君主立宪体制。

康有为首先为施行君主立宪在历史中寻找根据，提出三代时期即有此传统。"夫先王之治天下，与民共之。"[1]"尝推先王之志，非徒集思广益，通达民情；实以通忧共患，结合民志。"[2]此外，他还强调，当今西方国家的君主立宪体制也是"结合民志"的有效途径，"东西各国之强，皆以立宪法开国会之故……行此政体，故人君与千百万之国民，合成一体，国安能不强？"[3]所以开国会，制宪法，君主与民上下通情，一体结合于史有根，于理有据。梁启超、严复等人主张立宪制度有一个重要原因是所谓民智未开，不足以践行民主共和制。梁启超说："中国今日民智极塞，民情极涣，譬犹民主，固救时之善图也。然今日民义未讲，则无宁先藉君权以转移之。"[4]梁氏此论断是不是将君

---

① 《康有为政论集》（上），中华书局，1981年，第134页。

② 同上，第149页。

③ 同上，第338页。

④ 梁启超：《饮冰室合集》（文集之一），中华书局，1989年，第110页。

主立宪视为走向民主的权宜之计我们不得而知,然他根据实际情况,提出渐进式的民主化有其现实的合理性。严复的观点也与梁启超相近,他认为时人的力、智、德水平不足,"其时未至,其俗未成,其民不足以自治也"①。他虽然称赞民主是好东西,但有其实现的条件,民众的能力是核心条件之一。他认为,中国当时的情况不可能实现民主。"民主者,治制之极盛也。使五洲而有郅治之一日,其民主乎? 虽然,其制有至难用者。何则? 斯民之智德力,常不逮此制也。夫民主之所以为民主者,以平等……顾平等必有所以为平者,非可强而平之也。必其力平,必其智平,必其德平,使是三者平,则郅治之民主至矣。"②可以说,梁启超和严复的认识有其合理性,但其中也有个悖论,即民主能力应当是在实践中习得的,如果不给民主实践机会,又如何能平其力、平其智、平其德? 不过,根据他们当时的认识,选择了渐进式的民主化路径,君主立宪的重点放在了以开设议院、制定宪法为核心的工作上。用康有为的话总结,君主立宪"皆以立宪法开国会之故,国会者,君与国民共议一国之政法也……以国会立法,以法官司法,以政府行政,而人主总之,立定宪法,同受治焉……采东西强国,立行宪法,大开国会,以庶政与国民共之,行三权鼎立之制"③。

维新派思想家提出的民主观自始至终与民权相关联, 它深化了国人对民主的认识,其直接知识源自西方民主思想,在借助和改造中国传统思想的诠释策略的同时,依据社会现实提出了一整套民主理论。可以说,作为民权的民主观是中国近代开始理解民主的重要里程碑, 民主思想发展到这个阶段,逐步有了并深化了对其精神实质的认识。可以说,康有为、梁启超、严复、谭嗣同等人的民主观开创了国人系统性理解和反思民主理论和实践的先河,较之早期改革派思想家们萌芽式的片段化认识是一次根本上的飞跃。

---

① 《严复集》(第1册),中华书局,1986年,第35页。

② 《严复集》(第4册),中华书局,1986年,第957页。

③ 《康有为政论集》(上),中华书局,1981年,第338~339页。

君宪革命之争与资产阶级共和国家探索

20世纪初叶,作为近代中国两种重要的政治势力和思想流派,君主立宪派与共和革命派共同的追求即是建设现代国家,然而围绕建设何种现代国家,以什么样的方式建设,通过哪些步骤建设等重大现实问题,二者之间产生了激烈交锋。现在看来,此次辩论不仅对时人产生了深远影响,同时对于我们今天看待国家各项改革事业、理解保守与激进之间的尺度有着深刻的借鉴意义。

一、君宪派与革命派争论焦点

君主立宪派与共和革命派的交锋,首要解决的问题就是要不要推翻清政府的统治,其中还涉及时人对民族的理解。如此一来,该问题则更加复杂了。部分革命派将"排满"视为正当,以一种狭隘的民族主义情绪诉诸革命实践之中。他们痛斥清政府为"洋人的朝廷",压迫汉族人民,"据其土地山河,窃其子女玉帛,践汉人之土,食汉人之毛,日受汉人之豢养而不思感戴汉人,固古人所谓倒行逆施者矣"①。因此,他们主张暴力推翻政府,重新恢复汉人治理国家。当然,"排满"的口号也只是革命派的策略,意在鼓动民众反抗清

---

① 《民报》天讨专号,科学出版社,1957年,第1964页。

政府。孙中山在其三民主义思想中就明确提出"五族共和"的主张,民族与民族之间相互平等地对待以凝聚成一个多民族的共和国家。而前提是,必须推翻清政府统治,重塑民族平等。与之相对,君宪派则认为中国本来就是各民族平等的,甚至也不存在特权阶层压迫民众。如康有为言:"吾国久废封建,自由平等,已二千年,与法之十万贵族压制平民,事既不类,倡导革命言压制者,已类于无病而学呻矣。"①显然,康有为的反驳过于牵强。中国的王朝体制虽与西方封建国家不同,但不意味着废除封建就能够直接推导出自由平等可以产生。事实上,古代王朝体制不仅不可能开出自由平等,反而强化了等级社会的结构固化。此处,革命派的逻辑是,要追求平等,就得打破当下不平等的格局;而立宪派的逻辑是,当下已经是平等的了,无需改变。显然,革命派更加客观地认识到中国现实,立宪派在此主动选择了无视。

进而革命派旗帜鲜明地主张通过革命的方式推翻清政府。陈天华曾说:"中国未有于一朝之内,自能扫其积弊者也;必有代之者起,予以除旧布新,然后积秽尽去,民困克苏;不革命而能行改革,乌头可白,马角可生,此事断无有也。"②可见,当时的革命派对清政府施行改革不抱任何幻想。君宪派则非常审慎地提出了对革命及其后果的质疑。他们认为,暴力革命必然使整个国家失去秩序,大范围的流血杀戮不可控制。以暴力挑战清政府权威不如以"劝告"和"要求"的方式徐徐展开。梁启超讲:"我国民对于现政府所当行者,本有两大方针:一曰劝告,二曰要求……所劝告者在开明专制,而所要求者在立宪。"③革命派在思考暴力革命带来的后果则是另一种算法。在他们看来,清政府对民众的残酷压迫是既定的,加之西方列强对国家的蚕食瓜分,革命需要付出的代价要远远小于不革命。用孙中山的话讲:"革命流血之少,

① 张枬、王忍之:《辛亥革命前十年间时论选集》(第2卷·上),生活·读书·新知三联书店,1960年,第392页。

② 《陈天华集》,湖南人民出版社,1958年,第18页。

③ 梁启超:《饮冰室合集》(文集之十八),中华书局,1989年,第88页。

而不革命遭清政府有形或无形之杀戮流血之多,何止数百倍!"①后来的事实证明,君宪派的担忧似乎不无道理,而革命派的观点既不可证实也无法证伪。

　　要不要推翻清政府统治牵扯出的另一个问题是国家向何处去? 建设一个何种样态的现代国家? 革命派试图通过毕其功于一役的方式既完成民族革命,也完成民主革命,重新塑造一个民主共和国。君宪派不谋求改变君主制的国体,努力在现行国体下实现政体改良。换句话讲,他们之间的核心冲突并不是立宪政治,而是立宪政治的实践形式和缓急尺度。革命派坚定地主张,民主共和制度是实现立宪政治,走向现代国家的最可靠路径。君宪派认为立宪政治并非一蹴而就,它需要一个持续不断的训练过程,同时也依靠稳定的政治环境。国民素质需要不断养成,民主需要坚实的土壤。梁启超讲:"今日之中国万不能行共和立宪制;而所以下此断案者,曰未有共和国民之资格。"②而且他认为,国民素质的培育需要几十年甚至几百年。革命派则强调,民众有能力在新的政治生活中习得处理公共事务的能力,不必过分低估国人的能力。他们纠结的是:究竟是民主机制造就现代国民,还是现代国民成全民主机制。实际上,这种论辩恐怕陷入了先有鸡还是先有蛋的死循环。

　　这场思想交锋,革命派占到了上风,这与当时的历史环境和发生的重大事件密不可分。随着1911年清王朝的垮台,革命话语逐渐成为热门话语,言革命者即代表先进。民主共和观念得到广泛传播,现代政治话语系统开始影响着整个国家的政治走向。然而两次复辟的闹剧和民初混乱的政治状况也一定程度上印证了梁启超、严复等人的种种忧虑。比如,国民参与公共生活的能力欠缺,掌权者以民主共和之名行专制之实等。

---

① 《孙中山全集》(第1卷),中华书局,2011年,第541页。

② 梁启超:《饮冰室合集》(文集之十七),中华书局,1989年,第52页。

二、革命派的共和国家建设方案

资产阶级革命派思想家和实践者们对共和国家建设充满热忱。他们激烈批判专制体制、倡导建立民主共和制度,孙中山作为伟大的民主革命先行者和思想家,比较完整地提出了他的共和国家建设方案:以"三民主义"为思想根底,创制"五权宪法",通过军政、训政过渡到宪政,并强调以党治国。孙中山提出民族、民权、民生三大主义,经历了一个形成和发展的过程。正如前文所言,民族主义在其产生之初作为"排满"的政治口号,起到号召民众革命的作用。然而孙中山在辛亥革命失败后意识到,中国还没有能力仿照欧美国家建设成一个整体性的民族国家。故此,他主张:"仿美利坚民族底规模,将汉族改为中华民族,组成一个完全底民族国家。"①可见,他所谓的"中华民族"应是以汉民族为主体,平等的多民族共同组成的共同体。此外,民族主义也强调对外的独立自主。"一则中国民族自求解放;二则中国境内各民族一律平等。"②构成了民族主义的完整意涵。孙中山的民权主义即是主张民主,他言:"近来瑞士国所行之制:民有选举官吏之权,民有罢免官吏之权,民有创制法案之权,民有复决法案之权,此之谓四大民权也。"③此四种权力使民众能够参与到政治生活中来,成为国家主权的持有者。民生主义则是孙中山关于国家经济建设的思索,主要是平均地权和节制资本,避免社会由于贫富不均而动荡。

孙中山根据"三民主义"创制了独具特色的"五权宪法"。按照他的逻辑,人民掌握政权,即选举、罢免、创制、复决权;政府持有治权,即行政、立法、司法、考试、监察。他认为:"用五权宪法所组织的政府,才是完全政府,才是完

①《孙中山全集》(第5卷),中华书局,2011年,第474页。

②《孙中山全集》(第9卷),中华书局,2011年,第118页。

③《孙中山全集》(第6卷),中华书局,2011年,第412~413页。

全的政府机关。"①政府由五种权力组成,这是孙中山在借鉴美国三权分立经验基础上的创新,"我们现在要集合中外的精华,防止一切的流弊"②。不失为一种将现代政治文明本土化的尝试。

面对中国的现实环境,孙中山并不认为一旦革命成功,共和国家就能骤然建立。与君宪派一样,他也认为实现立宪政治需要一定的准备和过程。他把这个过程描述为"军法之治""约法之治"和"宪法之治"三个阶段。军政府权力以三年为期,待恢复秩序后,军政府应把权力交还民众,由民众选举官员。政府和民众的各项权利义务皆以"约法"为准。再六年,国家应制定宪法,军政府解除兵权和行政权,按照宪法规定将各种权力交立法、行政、司法、考试、监察等部门。国家进入民主共和的政治运作之中。孙中山将这个三个阶段称为"军政时期""训政时期""宪政时期"。遗憾的是,他的建国步骤由于各方面条件限制无法实现,后来又被严重扭曲。

此外,在训政阶段,孙中山提出以党治国。首先,以党治国意味着以党的主义治国。他讲:"所谓以党治国,并不是要党员都做官,然后中国才可以治;是要本党的主义实行,全国人都遵守本党的主义,中国然后才可以治。"③其次,以党治国要求必须首先建设一个团结的有纪律的政党。孙中山总结俄国革命说:"政党中最要紧的事是各位党员有一种精神结合……大家团结起来,为党为国,同一目标,同一步骤,像这样做去,才可以成功。"④最后,以党治国必须以民众为基础。"吾党想立于不败之地,今后奋斗之途径,必然要得民心,要国内人民与吾党同一个志愿,要使国内人民皆与吾党合作,同为革命而奋斗。"⑤

---

① 《孙中山全集》(第9卷),中华书局,2011年,第351页。
② 同上,第354页。
③ 《孙中山全集》(第8卷),中华书局,2011年,第282页。
④ 《孙中山全集》(第9卷),中华书局,2011年,第98页。
⑤ 《孙中山全集》(第8卷),中华书局,2011年,第431页。

除了孙中山之外，章太炎、宋教仁等革命派思想家也提出各具特色的共和国家建设方案。章太炎"排满""反满"主张在当时影响颇大，甚至给他带来了牢狱之灾。他认为清政府对外"无一事不足以丧吾大陆"，对待自己民众则"屠剑之惨，焚掠之酷，钳束之工，聚敛之巧"，无所不用其极。①而且清政府"使满洲五百万人临制汉族四万万人而有余者，独以腐败之成法愚弄之锢塞之耳……汉人无民权，而满洲有民权，且有贵族之权者也"②。这种民族不平等的局面也迫切要求改变。事实上，随着章太炎认识的深入，他的"排满"观也发生了变化，他主张："夫排满洲即排强种矣，排清主即排王权矣。"③这就将朴素的民族主义情绪延伸到反对专制统治的民主意识。在他看来，"排满"是要打到专制统治，而不是拒斥一切满族人。故有言："排满洲者，排其皇室也，排其官吏也，排其士卒也……非排一切政府，非排一切满人，所欲排者，为满人在汉之政府。而今之政府，为满洲所窃据，人所共知，不烦别为目标，故简略言之，则曰排满云尔。"④可见，在民族问题上，革命派虽大都打出反满旗号，但随后又都有进一步的诠释，反满排满只针对清朝统治者。

此外，章太炎所主张的共和国家建设方案也有独特之处。首先，他不认为欧美列强是文明国家。"综观今世所谓文明之国，其屠戮异洲异色种人，盖有甚于桀纣。"⑤它们的强大和所谓文明建立在对其他弱小落后民族国家欺凌掠夺基础之上。他将反对帝国主义、专制主义和建设现代国家三者联系在了一起。其次，章太炎批判西方代议制民主。在他看来，"代议者，封建之变形

①② 张枬、王忍之：《辛亥革命前十年间时论选集》（第1卷·上），生活·读书·新知三联书店，1960年，第94页。

③ 同上，第771页。

④ 张枬、王忍之：《辛亥革命前十年间时论选集》（第3卷），生活·读书·新知三联书店，1960年，第51页。

⑤ 张枬、王忍之：《辛亥革命前十年间时论选集》（第2卷·下），生活·读书·新知三联书店，1960年，第762页。

耳,君主立宪其趣尤近。上必有贵族院,下必审谛户口、土田、钱币之数,至纤至悉,非承封建末流弗能"①。中国社会已去封建制甚远,而且中国人口基数太大,代议制只能最终导致被选择上去的都是"土豪"议员。用他自己的话讲:"愚陋恒民之所瞩目,本不在学术方略,而在权力过人,以三千人选一人,犹不能得良士。数愈疏阔,则众所周知者,愈在土豪。"②最后,既然代议制的结果是"所选必在豪右",那么章太炎提出了区别于西方民主政治的方案:第一,他赞同孙中山五权分立的国家权力结构格局。第二,国家"专以法律为治"。第三,实行直接民主。国家遇到战争、财政税收等重大事务决定时,需要征得民众同意。很显然,章太炎对代议制功能的局限看得很清楚,但他也没法从技术上很好地解决执行直接民主的可能性。总之,他的共和国家构想过于理想化,不切合中国社会实际状况。

革命派中最具实践操作性的政治主张当属宋教仁的议会政治思想,表现在责任内阁制和政党政治的主张。客观地讲,责任内阁制是南北议和后南方革命派的权宜之计。南京临时政府实行的是总统制,而当袁世凯执政成为既定事实时,革命派迫切要求通过合法途径重新夺得国家权力。于是,宋教仁提出未来的国家应建立责任内阁。"关于总统和国务院制度,有主张总统制者,有主张内阁制者,吾人则主张内阁制,以期造成议院政治者也。盖内阁不善可以随时更迭之,总统不善则无术变易之,必致动摇国本,此吾人所以不取总统制,而取内阁制也。欲取内阁制,则舍建立政党内阁无他途,故吾人第一主张,即在内阁制也。"③当然,如果我们排除革命派的动机的话,责任内阁的确是民主政治的重要实践形式。除了达到"总统当为不负责任"④的现实

---

① 《章太炎全集》(第4册),上海人民出版社,1985年,第431页。

② 同上,第302页。

③④ 《宋教仁集》(下),中华书局,1981年,第460页。

政治目的,从民主体制运行方面讲,在中国最终实现议会政治也是当时资产阶级革命派能够提出的一种共和国家蓝图。宋教仁的责任内阁主张建立在他关于政党政治的理解基础之上。他认为,政党的功能在于凝聚民众共识,代表民众主张利益,把持国家权力。"是故政党在共和立宪国实可谓为直接发动其合成心力作用之主体,亦可谓实际左右其统治权力之机关。"①于是,他积极奔走,改组国民党,并成功地在议会大选中获得多数议席。可惜的是,他并没有看到,也不可能看到责任内阁在那样一个时代能够真正有效运行。

三、作为建构的共和国家

19世纪、20世纪之交乃至之后的十余年是以孙中山等人为代表的资产阶级革命派思想家和政治家最为活跃的时期。经过近二十年的努力,民主、共和思想在中国落地生根,它直指王朝专制统治,颠覆了中国几千年来的政治运行模式,政治价值体系及其思想方式也在一定程度上迈向现代文明。然而受制于历史环境的种种限制,他们并没有完成建设民主共和国家的任务。个中缘由极为复杂,但仅就思想家们的思想逻辑角度看,或许有这样一些问题值得反省:

革命派思想家们虽秉持共和观念,但对共和国的理解或许存在不小的偏差。孙中山看到美国共和政体的优势,进而也设想在中国建立一个"民有""民治""民享"的共和国家。然而似乎并未抓到共和之本义,在他的理解中,共和大约等同于不同民族之间的有序共存。在满汉对抗思维的环境里,包括孙中山、章太炎等人在内的革命派思想家们把握到国家内部的族群矛盾有一定的道理,但这种族群矛盾的背后乃是不同阶级之间的对抗,或者说是等级社会中特权者与无权者之间的对抗。他们虽然痛斥专制统治,试图打破等

---

① 《宋教仁集》(下),中华书局,1981年,第748页。

级社会结构，但却没有切实有效的办法重新整合碎片化的社会成员。特权者的权力被剥夺，无权者的权力也并未落实，正如很多人批评的那样，民初乱象，乃是由于旧秩序被打破，新秩序又未建立。此外，共和的本义应是通过设计一种政治运作机制，使得各种阶级、族群、利益诉求、价值观念不同的社会成员能够彼此之间在力量角逐和互相妥协之后，达成底线共识，并能够组成社会基本的公共生活秩序。共和并不是直接对抗专制的思想武器，而是打破某种政治势力专断独大之后的结果。或者说，共和国不是政治革命工具，而是公共生活样态。遗憾的是，孙中山等人对此的认识并不充分。

共和国家是一个实践经验过程，而并非主观建构结果。革命派思想家们虽然受到欧美国家政治文化的侵染，但似乎没有更深刻地理解一个共和国家建立的整体历程。他们认为，中国除旧布新，用一套既定的、设计好的新体制就能够代替旧有政治运作模式，几年内即可改弦更张，建设出成熟的共和国。要知道，共和观念有着几千年的历史变迁，它并非孤立的思想，而是随着人类社会几千年的政治实践一路走来。现代共和国家之所以有如此面相是经历了长期政治实践淬炼，是一种经验产物而非主观构建即可达至的。甚至，革命派思想家们对国家政体的设计过于主观和随意。比如，总统制改为内阁制。一个国家究竟适用总统制还是内阁制，是各种因素综合作用的结果，而孙中山、宋教仁等人仅为限制袁世凯权力就随意改弦更张。在他们眼中，总统制或是内阁制只是共和国家建构皆可选择的选项，甚至是谈判桌上的筹码和争夺权力的策略。不得不说，此种认识过于简单和乐观。

现代新儒家视野中的民主政治建设

清末民初是中国社会变革极为活跃的时期。国家政治权力建设问题是思想先进们共同关切的重要话题之一。诸多思想家尝试着勾勒各自心目中的理想政治蓝图,不可回避的一个前设性问题是,人们必须首先对当下的中国政治发展状况与价值观念作出合理的判断和评估。与维新思想家和革命党不同的是,现代新儒家思想群体也提出了独具特色的民主政治建设方案,其中,梁漱溟以其独特的思考方式对中国政治问题给出自己的判断:"政治无办法""政治消极无力"、(中国)"缺乏政治"等。然而梁漱溟是从何种意义上作此判断?假定他所言不虚,那么他又提出怎样的解决方案?其方案又有哪些值得借鉴和反思的内容?诸如此类的问题显然需要我们认真加以分析。

一、"政治无办法":政治建设的困境

众所周知,梁漱溟作为现代新儒学的重要代表,他在思考社会问题时总是带着强烈的文化决定论的色彩,这种思考方式同样影响到他对中国政治问题的理解。在他看来,当时的中国社会正处于崩溃之中,陷入"极严重的文化失调"。中国传统社会构造展现出"伦理本位,职业分立"的特征,旧式的社会组织以伦理关系为纽带,甚至作为它的根本。然而随着西方近代自由主义知识话语和价值系统在中国的传播,中国传统社会组织伦理本位的内核逐

渐被个体本位、权利观念所瓦解。他认为,中国传统以家庭、家族为核心的组织形式遭到破坏,而新的组织形式又无法建立,随之而来的便是整个社会系统面临崩溃的局面。更为糟糕的是,"中国旧社会组织构造破坏,让中国政治无办法;中国政治无办法,让中国旧社会组织构造更加崩溃"①。他进一步解释道:"所谓政治无办法,即国家权力之不能建立, 也即平常所说之不能统一。中国国家权力不能建立, 是中国社会崩溃之因, 也是中国社会崩溃之果。"②此外,梁漱溟后来在谈论中国民主问题时也曾讲:"中国文化自古富于民主精神,但政治上则不足。政治上的民主不足,主要是为了缺乏政治,缺乏国家生活。因为缺乏政治,亦缺乏政治的民主。"③可见,他意识到,国家权力、国家生活(政治生活)与整个社会状况、塑造何种公共生活都有着紧密的内在关联。所谓"政治无办法""国家权力不能建立"是他对当时中国政治生活的一种主观判断,这种断言源自他对中国传统政治生活的认识。

梁漱溟于《乡村建设理论》中曾言:"我们几千年来的政治,都是消极无为的——我尝言中国原来是不像国家的国家,没有政治的政治;国家权力是收起来不用的,政治是消极无为的。中国向来是有统治者,而无统治阶级;无统治阶级,所以没有力量;没有力量,所以不敢用力量;没有力量统治,所以只能敷衍。"④其后又在《中国文化要义》中再次指出:"中国之不像国家,第一可从其缺少国家应有之功能见之。此即从来中国政治上所表现消极无为。历代相传,'不扰民'是其最大信条;'政简刑清'是其最高理想。"⑤他援引日本学者长谷川的话,对比了中西方如何看待国家,"近代英国人以国家为必要

①② 《梁漱溟全集》(第2册),山东人民出版社,2005年,第213页。
③ 《梁漱溟全集》(第6册),山东人民出版社,2005年,第125页。
④ 《梁漱溟全集》(第2册),山东人民出版社,2005年,第214页。
⑤ 《梁漱溟全集》(第3册),山东人民出版社,2005年,第158页。

之恶,而不知中国人却早已把它当作不必要之恶"①。再者,梁漱溟认为中国历来缺乏与其他国家的对抗性。"国家功能,一面是对内,一面是对外。中国对内松弛,对外亦不紧张。"②此外,他还看到,"中国人传统观念中极度缺乏国家观念,而总爱说'天下',更见出其缺乏国际对抗性,见出其完全不像国家","它不是国家至上,不是种族至上,而是文化至上。于国家种族,彷佛皆不存彼我之见;而独于文化定其取舍"。③既然如此,梁漱溟相信,如此消极无力的政治在面对现代化的冲击时,难以承受"过于用力"的压力。他批评道:"现在也有许多人将一切的事情,都希望政府一手包办,不顾于历史矛盾与否……所期于国家者如是其重,此完全违背历史","天下事没有可以与过去历史绝不相符的,没有从消极无为的政治,一旦骤变为积极的政治者"。④在他看来,无论是清王朝还是民国政府,都承担了它们难以担负的责任,进而造成了政治生活混乱,整个社会陷入崩溃的境地。

既然梁漱溟认为"中国不像一个国家",那么他又如何理解"国家"? 在他看来,国家含义有二:其一,国家操持暴力,维持秩序。"国家之所以存在,是为它一面能防御外来侵扰,一面能镇抑内里哄乱,而给社会以安定和秩序","掌握武力而负担此对内对外之责任者,即国家"。⑤其二,统治阶级是国家暴力的承载者,国家的本质是阶级统治。他讲:"(国家)何以又必是阶级统治呢? 这因为武力不过是一工具,还必得有一主体操持它;此主体恒为一阶级","武力既经常地为对内统治的后盾,则操持此武力者为谁,岂不明白? 故尔此主体例以国家尸其名,而实际则为一阶级——统治兼剥削的那一阶级"。⑥可见,梁漱溟在对国家的认识上展现出较高的水平。进而他总结道:

---

① 《梁漱溟全集》(第3册),山东人民出版社,2005年,第159页。
② 同上,第161页。
③ 同上,第162页。
④ 《梁漱溟全集》(第2册),山东人民出版社,2005年,第214页。
⑤ 《梁漱溟全集》(第3册),山东人民出版社,2005年,第166页。
⑥ 同上,第168页。

"国家构成于阶级统治,中国则未成阶级,无以为武力之主体而难行统治;这是中国不像国家之真因。"①简单地讲,国家表现为阶级统治,而中国不存在阶级,传统的统治者难以担负起国家的责任。

需要进一步思考的是,梁漱溟何以认为中国没有阶级?这涉及他坚持的一个基本观点:中西方文化存在本质的差异,其中一个重要表现,即中国人缺乏西方人的团体生活(抑或称之为"集团生活")。主观方面说,团体生活中包含四个要素:公共观念、纪律习惯、组织能力、法制精神。这些即所谓的"公德","就是人类为营团体生活所必须的那些品德"②。客观方面说,集团生活就是:"一、要有一种组织,而不仅是一种关系之存在。组织之特征,在有范围(不能无边际)与主脑(需要有中枢机关)。二、其范围超越于家族,且亦不依家族为其组织之出发点。——多半依于地域,或职业,或宗教信仰,或其他。三、在其范围内,每个人都感受一些拘束,更且时时有着切身利害关系。合于此三条件者,即可说是集团生活;不合的,便不是。我们以此为衡,则中国人是缺乏集团生活的。"③

反观中国人,更重视家族生活,用他的话讲:"缺乏集团生活,是中国人欹重家族生活,正是一事之两面,而非两事。"④在家族生活中,中国人更注重个人德性的养成,甚至将个人的修为延展到政治生活范畴中,"内圣外王"不仅是传统知识分子的道德追求(成为"君子"),同时,也是成为国家治理者的政治要求(贤人治国)。换句话讲,在梁漱溟的眼中,中国人向来以伦理道德组织家庭生活和政治生活,而且其所秉持的伦理道德与"公德"是两种完全不同的思想观念及价值系统。中国社会无法形成发达的集团生活的症结也在于此。

---

① 《梁漱溟全集》(第3册),山东人民出版社,2005年,第168页。
② 同上,第68页。
③ 同上,第72页。
④ 同上,第79页。

总之，中国人缺乏发达的集团生活，进而无法形成清晰的阶级划分，因此便没有担负国家生活的有效载体，也即导致了政治生活"无办法""消极无力"等现象。这些构成了梁漱溟思考政治建设问题的基本思路。

二、构建乡村团体生活：一种儒家式的破解方案

显而易见，梁漱溟把解决问题的目光聚焦在团体生活上，进而结合中国现实，提出了构造一种新的社会组织——乡村组织。对此，他有比较系统的论述，概括起来，大体包含以下四个方面：

第一，解决中国困境首要在于解决政治问题，乡村组织建设正是破解政治问题的关键。"中国问题是整个社会的崩溃，是极严重的文化失调，而其苦闷之焦点，则著于政治问题之没办法解决"，"我们的乡村组织是理想社会的一端倪、一苗芽，预备从这里重建中国文化"。[①]他批评当时国人总是在政治建设和社会改造之间徘徊不定。"从事一阵政治，觉得不对，用不上力气，还是致力于社会；致力于社会，觉得不行，又归到政治。"[②]在他眼里，社会与政治是互为影响的，政治是社会的一个反映，有什么样的社会就有什么样的政治。"社会的良窳视其政治条件；同时政治的良窳又视其社会基础。两面相影响至为迅捷，无论从哪一面用力，都可通到另一面的。"[③]梁漱溟相信，如果能在政治问题方面寻找到突破并很好地解决，那么整个社会问题也能随之化解。如果承认他的观点，乡村组织建设便具有合理性依据。

第二，解决政治问题应循序渐进，以乡村组织建设为支点，逐步调整社会关系。当时中国政府将孙中山的"三民主义""五权宪法"及"建国三序"说作为官方意识形态。其中，从"军政"开始逐步过渡到"训政"并最终实现"宪

① 《梁漱溟全集》(第2册)，山东人民出版社，2005年，第432页。

② 同上，第435页。

③ 同上，第436页。

政"，是官方标榜的政治建设思路。从逻辑讲，它隐喻着对个人与政府之间、个人之间等一系列政治关系与社会关系的调整。梁漱溟认为，"训政"之所以没能实现，关键在于当时中国由于社会崩溃而没能建立起合适的社会关系。"社会崩溃到最后，任何一种政治机构也难形成于其上。"①政治建设并非一蹴而就的事情，它有赖于社会关系的不断调整。传统中国社会的重心是乡村而非政治机构，因此在当下这样的过渡时期，解决政治问题也必须将支点放在乡村上面，政治建设离不开乡村组织建设。他总结道："我们不要求现在就建立一新政治制度，我们只要求从现在过渡到新政治制度的实现。"②

第三，当下政治问题解决的目标是团结民众，形成合力，同样离不开乡村组织建设。中国社会散漫无章是当时很多思想者们的共识，孙中山讲中国社会是"一片散沙"即是一个比较恰当的形容，梁漱溟也认可这种判断。"中国社会不见此疆彼界，并不是联系融合了，而是散漫不成片段，反映在政权上，自然是分散的。"③他在观察西方政治时发现，西方社会中存在各种政治势力，每一种势力代表一种利益和价值诉求，强势一方能够获得国家政权，整合各种力量并形成合力。中国当下恰恰缺乏民众之间的团结力，缺乏利益与价值的整合。这些都需依仗建立新的社会组织（乡村组织），打破家族界限的新型社会组织有助于改变上述局面。

第四，乡村组织建设最终归旨是建立一种既符合中国文化精神气质，又与现代政治相互融合的儒家式民主政治。西洋文化的长处是指民主政治和科学精神。梁漱溟在了解西方社会发展后，认为民主政治是大趋势，中国未来也必须实现民主政治，而其先决条件就是要有团体组织。"眼前的事实问题，就是让中国人必须有一个团体组织。这个必要，不必多讲，很明显的，中国人居现在的世界，如不往团体组织里去，将无以自存，事实上逼着我们往

---

①② 《梁漱溟全集》（第2册），山东人民出版社，2005年，第439页。

③ 同上，第465页。

组织里去,向西方转。"①这个团体组织自然是他想建立的乡村组织。

乡村组织首先是一种尊重专家治国的政治团体。中国传统政治与民主政治相违背。同时,梁漱溟也观察到西方国家越来越强调专家治国。他说:"团体对个人生活的干涉,越来越到细微处,个人越不得随便……因为科学的进步,每一条事情都渐成为一种科学,任何事情都放在专门学术里去,所以任何事情的处理都须靠专门技术才行。这两种趋势相联,结果就有了所谓学者立法、专家立法、技术行政、专家政治等名辞……以前的行政是靠权力,政府以权力指挥大家,监督大家;现在的行政,主要的则是靠技术。"②他认为,这是西方科学发展带来的必然结果,科学为政治生活开辟了新路。这就找到了中西方的契合点——尚贤尚智。"(中国)如果有团体组织,那末,这个尚贤的风气仍要恢复,事情的处理,一定要听从贤者的话。本来贤者就是智者,如果尊重智者,在团体中受智者的领导是可行得通的;则尊重贤者,在团体中受贤者的领导也是可以行得通的。尚贤尚智根本是一个理,都是因为多数未必就对。"③在此,他看到了一个事实:随着社会进步,人类生活(包括政治生活)追求科学上的真、道德上的善,这是理性作用的结果。对于公共生活而言,民主政治能够保证人们不受专断权力的侵害,但却不能完全保证人们对真、善生活的追求。因此,"我们将来所以要成功的团体组织,也正是西洋将要变出来的一个团体组织。这一个团体,虽不必取决多数,可是并不违背多数;它正是一个民治精神的进步,而不是民治精神的取消"④。正是在这种意义上讲,中国与西方在政治发展上有交融的可能。

此外,新的乡村组织是一种民治与人治(非法治)相结合的团体组织。梁

---

① 《梁漱溟全集》(第2册),山东人民出版社,2005年,第278页。
② 同上,第289页。
③④ 同上,第290页。

漱溟希望"在一团体中,多数份子对于团体生活应作有力参加"①。"团体中的多数份子对团体事情能把力气用进去,能用心思智慧去想就好。因为他用心,他将更能接受高明人的领导。要紧的一点就是要看团体中多数分子是不是能用心思去想,能作有力的参加;如不然,则为机械的、被动的。如能用心思,则虽是听从少数人的领导,而仍为主动、自动……以上的话如果能通,那末,我们就将要有一个新的政治,新的途径方向出来;这个新的政治,一方面是民治,一方面非法治。"②按照一般理解,人治与法治完全相互违背,然而梁漱溟根据团体中尚贤尚智的原则,如果人们的共同意愿可以被看作最高权威的话,那么大家通过理性思考,共同决定把权力交给一个比自己更优秀的人,这种人治也即具有了正当性。人治与民治的冲突便由此调和了。他把这种政治生活称作:"多数政治的人治",或"人治的多数政治"。③在他看来,这种政治非常符合中国人的精神习惯,也与古代理想政治相符。它不但不违背民治精神,而且是民主政治的进步。

团体中个体参与的主动性还涉及另一个重要问题——公民权问题。他讲:"这个公民权的意思,与中国固有精神有点冲突。根本上'权利'与'权力'两个名词,在中国固有精神上都合适。中国固有精神是伦理精神,在伦理精神上是不许人说'我有什么权利'的……在中国应当是调转来说才对,应当说:权利是对方给的,不是自己主张的;义务是自己认识的,不是对方课给的。"④在西方思想家(如卢梭)和政治实践中,对于选举权的认识也带有两重性,一方面是他的权利,一方面是他的义务。梁漱溟设想,如果西方政治生活发展到"权利不从自己说,义务不从对方说,就可与我们完全相合"⑤。从这个

---

①② 《梁漱溟全集》(第2册),山东人民出版社,2005年,第292页。

③④ 同上,第294页。

⑤ 同上,第295页。

角度讲,"我们的新组织一面与我们固有精神完全相合不冲突,而同时对于西洋近代团体组织的长处也完全容纳没有一点缺漏"①。

同样的,民主政治绕不开个人自由,关于新社会组织中的个人自由问题,梁漱溟承认:"团体中的个人自由,本是西洋人很大的长处,也可以说这是西洋近代替人类开出来的一个很大的道理;同时就中国社会来说,中国过去对于自由没有认识,是一种短缺。"②他认为:"团体为什么给个人自由?是由于期望团体中的每个人都能尽力地发展他的个性,发挥他的长处,如不给以自由,将妨碍他个性的发展。且社会的进步,团体的向上,必从个人的创造而来;从此意思,团体必须给个人自由。"③也就是说,自由是个体个性伸展,团体进步向上的必要条件。"自由是团体给你的,团体为尊重个人所以才给你自由——自由是从对方来的,此合乎伦理之义;团体给你自由是给你开出一个机会,让你发展你的个性,发挥你的长处,去创造新文化,此又合乎人生向上之意。合乎伦理有合乎人生向上,新的自由观乃与中国完全相合而不冲突。"④需要说明的是,梁漱溟的新自由观虽然打破了西方"消极自由"的观念,却又不能等同于"积极自由",只不过与后一种自由存在某些相似之处。

综合上述说法,梁漱溟为中国政治生活勾勒出一幅儒家色彩浓厚的政治图景:"这一个团体组织是一个伦理情谊的组织,而以人生向上为前进的目标。整个组织即是一个中国精神的团体组织,可以说是以中国固有精神为主而吸收西洋人的长处。"⑤同时也说明了,在梁漱溟的思路中,乡村团体生活建设成为了中国政治建设的重要动力。

---

① 《梁漱溟全集》(第2册),山东人民出版社,2005年,第295页。
② 同上,第297页。
③ 同上,第298页。
④ 同上,第299页。
⑤ 同上,第308页。

三、公共生活与政治建设关系之再反省

可以这样讲，构建优良的社会生活是古今中外所有政治哲学家的共同追求，政治哲学作为一门学问，也只有在这个意义上说才具有永恒的生命力。因此，当我们回溯历史，反思当下的国家政治权力建设的问题时，也自然无法绕开这一话题。

梁氏笔下的团体生活还不能与我们今天理解的现代公共生活完全相提并论。但是从其言语间（如他总结的团体生活四要素）可以推断出，梁漱溟所谓的团体生活与现代国家的构成、功能甚至现代国家观念的塑造等都具有密切的相关性。更进一步讲，梁漱溟的论述正好从反向揭示了现代社会生活的产生机理。政治学常识告诉我们，现代社会生活是现代化的产物，是国家与社会二元分立的结果。正如上文已述，梁漱溟对传统中国的判断是"伦理本位、职业分立"，以家庭为核心的农业生产生活方式保证了社会构造的稳定性，乡村空间也造就了中国人习以为常的传统政治思维系统。至少对于当时绝大多数的中国人而言，人们更为熟知的是"天下—家族—个体"而非"国家—社会—公民"的互立逻辑。可见，梁漱溟对中国传统社会结构为何不能产生团体生活的判断从逻辑上是说得通的。

虽然社会发展程度取决于其物质状况及其成员的基本智力水平，但是我们不能据此完全否定中国能够产生现代社会生活的可能性。后来的历史证明，梁漱溟对中国社会的变革能力显然估计不足，这在很大程度上也给他的政治思想贴上了保守主义的标签。从1921年到1949年，中国共产党人经过艰苦卓绝的奋斗历程，最终取得了新民主主义革命的胜利，建立了社会主义新中国，为开辟中国现代化事业奠定了政治基础。梁漱溟在他后来的阐述中

讲:"缺乏集团乃是中国社会最根本的特征;中国一切事情莫不可溯源于此"①,而共产党的贡献是"在增进社会关系上的贡献,亦就是把团体生活引进到中国来"②,"近年来在它的直接领导下,或间接影响之下,散漫的中国人正走向组织"③。这种变化无疑打破了他乡村建设的理想蓝图,但也印证了团体生活对于政治建设的重要意义。

需要清楚的是,公共生活的概念与一般意义的社会生活存在一定差别。公共生活强调人与人在公共空间中的社会关系,该空间是现代社会发育的产物,其中的人际关系超出了血缘、宗教等传统维度。在传统社会中,中国是"家国同构"的社会结构,即由政治空间(皇帝、官僚)和家族空间(父母、兄弟、亲朋等)组成。前现代的西方国家亦是由神学空间(神明、僧侣)、政治空间(君主、贵族)与私人空间(个人、家庭)构成。随着个体理性的不断抬升,基于共同的利益,尤其是经济利益,而彼此合作成为普遍现象,人们在合作中形成共同利益和共识性的价值观念,它们都带有明显的公共性。特别是西方启蒙运动之后,神学空间逐渐淡出政治生活,而新型的工商业社会空间成为连接国家与个人的主要桥梁,同时也成为一支对抗国家权力的政治力量。过去的统治者运用国家权力或为神学服务,或为自身谋利,现在则必须考虑社会需求以及根源于这种需求的种种理论预设,进而重新调整自身定位以便适应社会需要,维系政治秩序。在国家与社会的交互过程中,公共生活既保持了原有的经济属性,又催生出明显的政治属性。确实地讲,我们很难用某种特定的表述非常精准且完整地阐释出公共社会与政治建设之间纷繁复杂的关联。但可以确定的是,现代政治造就了公共生活,现代政治建设是公共生活发生发展的前提。

此外,公共生活的面貌也深刻影响着国家政治建设。梁漱溟语境中的团

---

① 《梁漱溟全集》(第3册),山东人民出版社,2005年,第339页。
② 同上,第350页。
③ 同上,第351页。

体生活实际上不过是强调伦理关系并生硬地掺入现代观念人际关系的变种。它显然不具备现代政治属性,进而也不可能在中国社会变革中发挥任何实际作用。毫无疑问,近代中国政治建设的主线是向现代政治迈进。我们需要培育真正的公共生活,为政治建设特别是政权建设创造社会条件。令人遗憾的是, 中国长期以来都没能塑造出令人满意的公共生活, 政治建设的方向、步骤、速度亦不稳定。事实上,我们对公共生活的认识,对政治建设问题的深入关注是相当晚近的事情,对于绝大多数人而言,它甚至推迟到最近三十余年。因此,我们也没理由过分苛求如梁漱溟这样的思想先进能在这个问题上具备很高的认知水平。改革开放四十年,公共生活的发达程度与过去不可同日而语,在物质生活水平不断提高的同时,人们越来越关注公共事务,也深刻影响着政治建设。建设社会主义民主法治国家成为政治体制改革的最终目标,实现社会公平正义成为中国共产党和中国政府推进政治文明的重要内容。中国的政治建设也正面临前所未有的挑战,我们对未来的政治建设必须持谨慎乐观的态度,不走封闭僵化的老路,不走改旗易帜的邪路是必须坚守的根本原则。逐步推进政治体制改革,倾听、满足人民群众的政治诉求是政治建设顺利进行的关键。我们有理由相信,随着中国社会的不断进步,公共生活将愈发活跃、健康、理性,它对国家的政治建设将起到不可估量的积极意义。

第五节

人民民主专政思想的形成与发展

新文化运动作为发生在20世纪20年代的一场最为壮观的思想启蒙运动，它为中国带来了各种现代化学说。其中，马克思主义理论学说无疑是当时独树一帜的、新兴的现代性观念及实践方案。中国人第一次意识到现代性知识非为资产阶级自由主义话语所垄断，建设现代国家也并非只有资本主义一条道路可供选择。当然，我们对马克思主义理论的认识经历了一个长期的过程，以其为思想指引建设出的人民民主共和国更是经历了极为复杂坎坷的实践历程。

一、无产阶级民主专政观：人民民主专政的思想萌芽

李大钊、陈独秀等人是中国最早一批认识、传播马克思主义学说的理论家。俄国十月革命后，李大钊即开始初步宣传马克思主义，五四运动后，马克思主义得到进一步传播，更多中国人开始认识并接受马克思主义。这一时期，他们对无产阶级、无产阶级革命、阶级斗争、民主专政等概念作了初步讨论。其中共识性的认识是自觉地以阶级看待社会，并将无产阶级与民主联系在一起。比如，陈独秀在描述西方民主演变的历史时曾说："十八世纪以来的'德谟克拉西'是那被政府的新兴财产工商阶级，因为自身的共同利害，对于政府阶级的帝王贵族要求权利旗帜……二十世纪的'德谟克拉西'，乃是被

征服的新兴无产劳动阶级，因为自身的共同利害，对于征服阶级的财产工商界要求权利的旗帜。"①他们对马克思主义最初的理解即是社会由无产阶级和有产阶级组成，民主则是要求无产阶级向有产阶级要求如自由、平等的政治权利和经济地位，无产阶级是民主生活的主体。进而无产阶级是国家的主人，国家主权的持有者，最终建立一个没有阶级划分的平民主义现代国家。所谓平民主义追求建立一个所有社会成员在政治、经济、文化等各个方面实现平等和全面解放的社会公共体。李大钊将其形容为：打破"一切特权阶级"的"人民全体"。陈独秀理解现代国家也强调由平民建立起来的国家才是真正意义上的现代国家。"对于国家'根本救济的方法'，只要'平民征服政府'。由多数的平民——学界、商会、农民团体、劳工团体——用强力发挥民主政治的精神（各种平民团体以外，不必有什么政党），叫那少数的政府当局和国会议员都低下头来听多数平民的命令。无论内政外交政府国会，都不能违背平民团体的多数意思。"②可见，他们更看重底层人民之于国家的角色和地位。

由此，他们指出应通过阶级斗争的方式打破旧有阶级结构，实现无产阶级民主专政，建设有别于资本主义国家的现代政治共同体。值得注意的是，李大钊等人已经认识到无论是阶级斗争还是无产阶级专政都属于过渡性方案，是消灭阶级社会的必然阶段。李大钊在解释俄国苏维埃革命时讲道："俄国的政治现状尚在无产阶级专政时期，他们要由这无产阶级统治别的阶级……大权皆集中于中央，而由一种阶级（无产阶级）操纵之……因为俄国许多资本阶级尚死灰复燃似的，为保护这新理想、新制度起见，不能不对反动派加以提防。将来到了基础确立的时候，除去少数幼稚、老朽、残疾者外，其余皆是作事的工人，各尽所能以做工，各取所需以营生……这种政治完全

---

① 《陈独秀著作选》（第2卷），生活·读书·新知三联书店，1986年，第49页。
② 同上，第19页。

属之工人;为工人而设,由工人管理一切事务,没有治人的意义。"①简单地讲,无产阶级民主专政即是由无产阶级掌管政治生活,而最终消除一切阶级,一切政治统治的过渡性政治实践方案。而为什么是无产阶级主导政治生活呢? 在他们看来,这是一种多数人管理少数人,进而实现最大多数人自由、平等的方案。"然过渡时代的社会主义,确是束缚个人主义的自由,因少数资本主义者之自由当然受束缚,不过对于大多数人的自由确是增加。故社会主义社会保护自由、增加自由者,使农工等人均多得自由。"②无产阶级民主专政的主旨是实现绝大多数人的经济、政治民主,经此过渡阶段,最终实现所有人的一切平等。

1921年7月,中国共产党成立。党的一大提出了无产阶级民主专政的基本纲领和原理。翌年7月,党的二大明确提出了民主革命纲领,建设一个"真正民主共和国"。关于"真正民主共和国"的理解,陈独秀认为:"国民革命成功后,在普通形势下,自然是资产阶级握得政权;但彼时若有特殊的环境,也许有新的变化,工人阶级在彼时能获得若干政权,乃视工人阶级在革命中的努力至何程度及世界的形势而决定。"③可见,陈独秀此时理解的民主共和国大约是由资产阶级领导的,无产阶级及其政党参与执政的联合政府。中国共产党人对民主共和国的认识随着社会形势的变化也在不断修正。1925年,中共中央指出要建立"革命民众政权",中国共产党"是民族解放运动的领袖的指导者,应当指示群众以前进的道路"。④这也是党第一次提出要作为革命的领导者,邓中夏、蔡和森等人也意识到要逐步培育无产阶级政权的土壤,为实现无产阶级专政作充分的准备。瞿秋白则提出中国共产党要"指导一切经济的政治的斗争,使他们和国内一切革命力量和民治主义派联合,以实行共

① 《李大钊文集》(下),人民出版社,1994年,第504页。
② 同上,第503页。
③ 《陈独秀著作选》(第2卷),生活·读书·新知三联书店,1986年,第568页。
④ 《中共中央文件选集》(第1册),中共中央党校出版社,1989年,第468页。

同的反帝国主义和反军阀斗争,力争中国民族的解放独立和中国平民的革命的政权"①。直到1927年,中共中央政治局明确提出:"中国国民革命前途之发展,得超过资产阶级的民主革命⋯⋯要造成从资本主义过渡到非资本主义(社会主义)之政治环境;即是不断的努力,由现在的国民政府做到工人农民及其他被压迫阶级的民主独裁制。"②至此,"真正民主共和国"的观念逐渐清晰。马克思主义学说在中国共产党成立之后真正有了实践空间,早期共产党人也自觉地将马克思主义理论运用到观察思考中国革命的具体问题之中,逐渐修正并最终获得了正确的奋斗方向和目标。

二、工农民主专政建设:人民民主专政的初步尝试

1927年第一次国共合作破裂后,中国共产党的革命实践遭受严重挫折。实践证明,封建地主阶级和资产阶级的利益代表者们都不可能带领中国完成建设现代国家的历史重任。这让共产党人更加坚定了走一条以我为主的革命道路,更加明确地认识到必须拥有革命领导权和切实的革命武装与政权。特别是面对国民政府的全面围剿,中国共产党确立了要推翻国民党统治,无产阶级"民主共和国"方案被暂且搁置,联合集聚广大工农力量,建立工农民主专政的苏维埃民主政权成为首要目标。工农民主专政的苏维埃政权首要原则是坚持中国共产党在政治、组织、思想等方面的领导。党的六大明确指出:"党应预先保障其在苏维埃领导机关的领导作用";"苏维埃政权之正确的组织,是要以党的坚固的指导为条件的";"党是苏维埃思想上的领导者"。③同时,党政关系问题上,批判总结国民党专制统治,认为国民党直接控制命令国民政府的做法是错误的,进而也提出苏维埃政权中党的领导边

---

① 《六大以前——党的历史材料》,人民出版社,1980年,第406页。

② 《中共中央文件选集》(第3册),中共中央党校出版社,1989年,第153、155页。

③ 《中共中央文件选集》(第4册),中共中央党校出版社,1989年,第408页。

界和程序。"党只能经过党团实现自己的领导,不应机械占据政权与群众组织整个机关:党对政权及群众组织的正确关系是要经过党团的领导作用来实现党的领导。党绝对没有权力直接命令政权和群众组织。尤其是不应当去包办其一切工作。"①此外,工农民主专政意味着人民民主和对敌专政。毛泽东指出:"工农民主专政的苏维埃,他是民众自己的政权,他直接依靠于民众……对于自己的阶级——工农、贫民、职员、革命知识分子等大多数民众……他表现出来的只是最宽泛的民主主义……地主资产阶级,即一切被革命民众所推翻的剥削分子,苏维埃对之则是另外一种态度……即不能不从各方面对这些分子施行严厉的制裁与镇压。"②工农民主专政也被解释为工农民主独裁、劳农专政等,也说明了苏维埃政权工农及广大普通民众的主体地位与剥削阶级被专政的角色。工农民主专政是人民民主专政的初步形态,随后虽几经调整,但其所确立的党的领导、民众主体、对敌专政的基本原则构成了人民民主专政政权的基本原则。

三、民主共和国方案:人民民主专政的深入发展

抗日战争爆发后,中国共产党人认识到革命的主要矛盾发生了变化,于是革命策略也作了适时调整:反抗日本法西斯侵略,争取民族独立斗争的胜利优先于同国内地主资产阶级的斗争。出于建立全民族抗日统一战线的现实需要,共产党人对工农民主专政苏维埃政权模式作了部分调整。1935年12月,瓦窑堡会议提出:"为了使民族统一战线得到更加广大的与强有力的基础,苏维埃工农共和国及其中央政府宣告,把自己改变为苏维埃人民共和国。把自己的政策,即苏维埃工农共和国的政策的许多部分,改变到更加适

---

① 《中共中央文件选集》(第7册),中共中央党校出版社,1991年,第479页。
② 《中共党史参考资料》(第6册),人民出版社,1979年,第519~525页。

合反对日本帝国主义变中国为殖民地的情况。"①首次提出中国共产党不仅是工农利益的代表,也是中华民族的代表。人民共和国不仅以工农为主体,同时也容纳其他一切反对帝国主义反对封建势力的阶级。具体政策上,放弃了之前剥削阶级不具备任何政治权利的主张,提出"一切革命的小资产阶级分子,苏维埃愿意给予选举权和被选举权"②。保护受帝国主义压迫的工商业,支持民族工商业资本家等。苏维埃人民共和国一定程度上突破了阶级界限,使其政权基础得到扩大,但苏维埃民主的基本模式并没有本质改变。随着抗日战争局势的变化,共产党人逐渐发现苏维埃人民共和国模式之于全民族抗战的局限。放弃了在全国建立苏维埃政权模式的主张,转而提出"民主共和国"的新思路:

在目前形势下,有提出建立民主共和国口号的必要,因为这是团结一切抗战力量来保障中国领土完整和预防中国人民遭受亡国灭种的惨祸的最好方法,而且这也是从广大的人民的民主要求产生出来的最适当的统一战线的口号……因此中国共产党宣布积极赞助民主共和国运动。并且宣布民主共和国在全国建立,依据普选权的国会实行召集之时,苏维埃区域将成为他的一个组成部分,苏区人民将选派代表参加国会,并将在苏区内完成同样的民主制度。③

其中一个细节值得深思,即从对苏维埃政权的表述从"共和国"变为"区域""苏区"。可见,中国共产党人谋求全民族抗战,结束国共冲突的积极努力。

以民主共和国代替苏维埃主要表现在:其一,民主共和国是一个多阶级联合体,其共和的属性更加明显。其二,民主共和国方案拥护三民主义,接受

---

① 《中共中央文件选集》(第10册),中共中央党校出版社,1991年,第609~610页。

② 同上,第610页。

③ 《中共中央文件选集》(第11册),中共中央党校出版社,1991年,第95页。

国民政府领导,同时保留共产党在政治上、组织上的独立性,对苏区和武装力量的掌控。待取得全民族抗战彻底胜利后,建设代议制政府。中国共产党也在国会参与国家政权组织,在自己的控制区仿照其他地方建设政权。毛泽东对民主共和国的构想是通过一定阶段的过渡,最终走向社会主义。民主共和国"按照社会经济条件,它虽仍是资产阶级民主主义性质的国家,但是按照具体的政治条件,它应该是一个工农小资产阶级和民族资产阶级联盟的国家,而不同于一般的资产阶级共和国。因此,它的前途虽仍然有走上资本主义方向的可能,但是同时又有转变到社会主义方向的可能,中国无产阶级政党应该力争后一个前途"①。

民主共和国方案的提出不仅是中国共产党人对革命实践斗争的具体判断,也意味着对民主政治的进一步认识。共产党人放弃教条,在实践中理解民主、理解现代国家建设的方案规划和未来图景,打破了革命至上话语逻辑和教条式的阶级斗争思维。这种突破为日后取得全面胜利,在全国范围内建立新民主主义政权积累了更加广泛的社会基础和践行民主的实践方案。人民民主专政思想得到进一步发展。

四、新民主主义社会构想:人民民主专政的成熟

抗战后期,毛泽东提出在苏区建设新民主主义为基础的民主模式,同时,根据对全国抗战之后形势的判断,进一步指出未来的民主政治是代表绝大多数民众、多党派共同参与的联合政府。他讲:"我们主张在彻底打败日本侵略者之后建立一个以全国绝对大多数人民为基础而在工人阶级领导之下的统一战线的民主联盟的国家制度,我们把这样的国家制度称之为新民主主义国家制度。"②实现这一构想则需要建立联合政府。具体方案是改变国民

① 《毛泽东选集》(第1卷),人民出版社,1991年,第263~264页。

② 《毛泽东选集》(第3卷),人民出版社,1991年,第1056页。

党一党独裁,联合社会各政党和阶级力量,召开国会,选举成立各政党联合的政府。然而1946年,国共内战全面爆发后,和平建国已无可能,中国共产党的联合政府方案最终被国民党独裁的国民政府和它的军队再一次打碎。1947年,中国共产党将新民主主义构想与人民民主专政思想相结合,把联合政府提升到人民民主专政的范畴之内。"人民民主专政"是一种无产阶级专政形式,"我们人民民主专政是无产阶级领导的、人民大众的、反帝反封建反官僚资本的新民主主义革命,这种革命的社会性质,不是推翻一般资本主义,乃是建立新民主主义的社会,建立各个革命阶级联合专政的国家;而无产阶级专政则是推翻资本主义,建设社会主义"①。它是人民民主专政性质,以民主集中制为原则建立人民代表大会组成国家权力机关,同时联合各革命阶级和政治力量,通过政治协商的形式组成民主的联合政府,并逐步向共产党领导的多党合作、政治协商制度转型。人民民主专政制度在这一时期走向成熟,并为实现社会主义制度转型奠定坚实的制度基础。

从无产阶级民主专政思想诞生那一刻起,中国共产党人逐步深化了对马克思主义的认识,并将其与中国革命具体实践和历史任务相结合,通过不断修正和完善革命斗争和社会建设的原则、方针和策略,最终走出了一条符合中国国情和广大人民根本利益要求的民主共和国道路,人民民主专政作为一项中国特色现代国家建设方案,无疑是中国人民经过百余年坎坷经历而探索出来的最后抉择。中国共产党作为同时代最伟大的政治力量,最终带领中国人民完成了实现民族独立的历史任务,并持续不断地领导这个国家走向现代化。毫无疑问,人民民主专政在新时代必将会有新的伟大发展!

---

① 《中共中央文件选集》(第17册),中共中央党校出版社,1992年,第190页。

参考文献

一、中文著作

[1]《诸子集成》,中华书局,2002年。

[2]朱熹:《近思录》,中州古籍出版社,2008年。

[3]《王阳明全集》,线装书局,2012年。

[4]《林则徐集》,中华书局,1985年。

[5]魏源:《海国图志》,岳麓书社,1988年。

[6]《曾国藩全集》,岳麓书社,1988年。

[7]《李文忠公全集》,上海商务印书馆,1921年。

[8]张之洞:《劝学篇》,冯天瑜、肖川评注,湖北人民出版社,2002年。

[9]梁廷楠:《海国四说》,中华书局,1993年。

[10]黄遵宪:《日本国志》,上海古籍出版社,2001年。

[11]徐继畬:《瀛寰志略》,上海书店出版社,2001年。

[12]钱锺书:《郭嵩焘等使西记六种》,生活·读书·新知三联书店,1998年。

[13]王韬:《弢园文录外编》,上海书店,2002年。

[14]《陈炽集》,中华书局,1997年。

[15]《郭嵩焘奏稿》,岳麓书社,1983年。

[16]《郑观应集》,上海人民出版社,1982年。

[17]《宋恕集》,中华书局,1993年。

[18]何启、胡礼垣:《新政真诠》,辽宁人民出版社,1994年。

[19]《康有为全集》,中国人民大学出版社,2007年。

[20]康有为:《论语注》,中华书局,1984年。

[21]康有为:《大同书》,中州古籍出版社,1988年。

[22]康有为:《孟子微》,中华书局,1987年。

[23]梁启超:《饮冰室合集》,中华书局,1989年。

[24]梁启超:《饮冰室合集》,中华书局,2015年。

[25]梁启超:《中国近三百年学术史》,中国书店,1985年。

[26]《严复集》,中华书局,1986年。

[27]严复译:《群己权界论》,商务印书馆,1981年。

[28]《谭嗣同全集》(增订本),中华书局,1981年。

[29]《杨度集》,湖南人民出版社,1986年。

[30]孙宝瑄:《忘山庐日记》,上海古籍出版社,1983年。

[31]端方:《端忠敏公奏稿》,台北文海出版社,1967年。

[32]《孙中山全集》,中华书局,1982年。

[33]《孙中山全集》,中华书局,2011年。

[34]《孙中山选集》,人民出版社,1956年。

[35]《章太炎全集》,上海人民出版社,1985年。

[36]《陈天华集》,湖南人民出版社,1958年。

[37]《宋教仁集》,湖南人民出版社,2008年。

[38]《辜鸿铭文集》,海南人民出版社,1996年。

[39]《王国维全集》,浙江教育出版社,2009年。

[40]《李大钊文集》,人民出版社,1984年。

[41]《独秀文存》,外文出版社,2013年。

[42]《陈独秀著作选》,生活·读书·新知三联书店,1986年。

[43]《毛泽东文集》,人民出版社,1996年。

[44]《胡适文存》(1)卷4,台北远东出图书公司,1974年。

[45]《胡适哲学思想资料选》,华东师范大学出版社,1981年。

[46]《民报》(天讨专号),科学出版社,1957年。

[47]熊十力:《新唯识论》,中华书局,1985年。

[48]熊十力:《十力语要》,中华书局,1996年。

[49]《梁漱溟全集》,山东人民出版社,2005年。

[50]梁漱溟:《人心与人生》,学林出版社,1984年。

[51]梁漱溟:《梁漱溟讲孔孟》,李渊庭整理,中国和平出版社,1993年。

[52]梁漱溟:《东西方文化及其哲学》,商务印书馆,2005年。

[53]牟宗三:《才性与玄理》,台湾学生书局,1985年。

[54]牟宗三:《心体与性体》,上海古籍出版社,1999年。

[55]《牟宗三先生全集》,台湾联经出版公司,2003年。

[56]张君劢:《新儒家思想史》,中国人民大学出版社,2006年。

[57]张君劢:《宪政之道》,清华大学出版社,2006年。

[58]冯友兰:《三松堂全集》,河南人民出版社,2001年。

[59]冯友兰:《新理学》,生活·读书·新知三联书店,2007年。

[60]唐君毅:《人文精神之重建》,广西师范大学出版社,2005年。

[61]《徐复观文集》,湖北人民出版社,2009年。

[62]贺麟:《当代中国哲学》,上海书店出版社,1991年。

[63]《晏阳初全集》,湖南教育出版社,1992年。

[64]《卢作孚集》,华中师范大学出版社,1991年。

[65]《杜亚泉文存》,上海教育出版社,2003年。

[66]《筹办夷务始末》(同治朝),中华书局,1979年。

[67]中国史学会编:《戊戌变法》,上海人民出版社,1957年。

[68]中国史学会编:《中国近代史资料丛刊》,上海人民出版社,2000年。

[69]杨立强等编:《张謇存稿》,上海人民出版社,1987年。

[70]张枬、王忍之:《辛亥革命前十年时论选集》,生活·读书·新知三联书店,1960年。

[71]汤志钧编:《康有为政论集》,中华书局,1981年。

[72]汪东林:《梁漱溟问答录》,湖北人民出版社,2004年。

[73]钟泰:《庄子发微》,古籍出版社,2002年。

[74]方敏:《中国近代民主思想史》,人民出版社,2014年。

[75]罗志田:《权势转移:近代中国的思想与社会》,北京师范大学出版社,2014年。

[76]罗志田:《道出于二:过渡时代的新旧之争》,北京师范大学出版社,2014年。

[77][美]林毓生:《中国传统的创造性转化》,生活·读书·新知三联书店,1988年。

[78]颜德如:《梁启超、严复与卢梭社会契约思想》,吉林人民出版社,2003年。

[79]干春松:《制度儒学》,上海人民出版社,2006年。

[80]郭齐勇、龚建平:《梁漱溟哲学思想》,北京大学出版社,2011年。

[81]喻大华:《晚清文化保守思潮研究》,人民出版社,2001年。

[82]任晓兰:《张之洞与晚清保守主义思潮》,法律出版社,2009年。

[83]许纪霖编:《二十世纪中国思想史论》,东方出版中心,2000年。

[84]许纪霖、宋宏编:《现代中国思想的核心观念》,上海人民出版社,2011年。

[85]刘桂生等编:《严复思想新论》,清华大学出版社,1999年。

[86]罗荣渠等编:《中国现代化历程的探索》,北京大学出版社,1992年。

[87]孙尚扬、郭兰芳编:《国故新知论:学衡派文化论著辑要》,中国广播电视出版社,1995年。

[88]欧阳哲生编:《胡适:告诫人生》,九洲图书出版社,1998年。

[89]郑大华、邹小站主编:《中国近代史上的自由主义》,社会科学文献出版社,2008年。

[90]欧阳哲生、刘红中编:《中国的文艺复兴》,外语教学与研究出版社,2001年。

[91]冯天瑜、肖川评注:《劝学篇劝学篇书后》,湖北人民出版社,2002年。

[92]张分田:《民本思想与中国古代统治思想》,南开大学出版社,2009年。

二、中文译著

[93][美]艾恺:《最后的儒家》,王宗昱、冀建中译,江苏人民出版社,2004年。

[94][美]吉尔伯特·罗兹曼主编:《中国的现代化》,国家社会科学基金"比较现代化"课题组译,江苏人民出版社,2003年。

[95][美]林毓生:《中国意识的危机——"五四"时期激烈的反传统主义》,穆善培译,贵州人民出版社,1988年。

[96][美]史华慈:《寻求富强:严复与西方》,叶凤美译,江苏人民出版社,1996年。

[97][加拿大]贝淡宁:《资本主义文化矛盾》,赵一凡等译,生活·读书·新知三联书店,1989年。

[98][英]马克斯·布瓦索:《信息空间:认识、制度和文化的一种框架》,王寅通译,上海译文出版社,2000年。

[99][德]哈贝马斯:《现代性的哲学话语》,曹卫东等译,译林出版社,2004年。

三、外文文献

[100]Max Weber, *Economy and Society：An Outline of Interpretive Sociology*, University of California Press, 1978.

[101]Jirry z. Muller, *Conservatism*, Princeton University Press, 1997.

[102]S. Huntington, Conservatism as an Ideology, *American Political Science Review*, Vol.51.

[103]Steinfels Peter, *The Neoconservatives*, New York, 1979.

[104]Michel Foucault, Governmentality, *Ideology and Consciousness*, No. 5, 1979.

[105]Michel Foucault, "Nietzsche, Genealogy, History" in *Language, Counter-Memory, Practice*, ed. Donald F. Bouchard and trans. Sherry Simon, Carnell University Press, 1977.

四、时评、期刊文章

[106]胡适:《独立评论》第51号,1933年5月21日。

[107]清凉散士:《论民权之说以驳愈明》,《选报》第39期,1902年12月30日。

[108]崇实:《说权利》,《云南》第8号,1907年8月25日。

[109]《新青年》一卷,4号。

[110]攻法子:《英人之权利思想》,《译书汇编》第2年第9期,1902年12月10日。

[111]刘泽华:《王权主义:中官之学》,载《学术集林》,远东出版社,1997年。

[112]葛荃:《传统儒学的政治价值结构与中国社会转型论析》,《山东大

学学报》(哲学社会科学版),2007年第6期。

[113]杨阳、李筠:《现代化与近代以来中国政治发展的相关理论问题》,《政法论坛》,2007年第3期。

后　记

　　本书是我近四五年来关于中国政治思想史研究的一些琐碎思考。正如导论中所讲，中国政治思想史研究既是一项枯燥、烦琐、几乎令人沮丧的工作，同时也是一门持续省察和追问人类公共生活品质的重要学问。多年来，中国政治思想史一直处于政治学一级学科中的边缘地位。更让人担忧的是，研究队伍规模与政治学其他学科相比也是小众且日渐萎缩。作为一名研习中国政治思想史十余年的晚辈后生，与其期待产生多么大的学术影响，不如将我的一份坚守态度和热情呈现给学界先进同仁，并为本学科贡献些许知识增量。本书的某些内容若还能得到批评与纠正，那更是我莫大的荣幸。

　　本书出版要感谢天津人民出版社郑玥女士的邀约。在2016年度中国政治思想史年会上，郑女士就找到我说愿意出版相关类别的学术著作。我也向她表示，希望将正在写作的这本书交给他们。时隔两年，我终于没有爽约，将书稿交出，完成了任务。此外，还要感谢东北大学文法学院，特别是孙萍教授。文法学院领导班子出台各种支持教师科研、教学工作的规章制度，本书出版即得到了文法学院的专项资助，几天之内就非常顺利地完成了与天津人民出版社的签约工作，节省了我和出版社大量的时间和精力。在此，一并向为本书出版提供大力支持和付出辛勤工作的诸位同志们致敬！

王　光

于东北大学

2018年4月8日